Inhaltsverzeichnis

Start ins Thema: Brüche

Gerecht aufteilen

Lena und Lisa haben nur noch eine Lakritzschnecke.

Anna teilt sich eine Tafel Schokolade mit zwei Freundinnen.

1

Vier Freunde wollen sich eine Pizza teilen. Wie können sie die Pizza gerecht aufteilen?

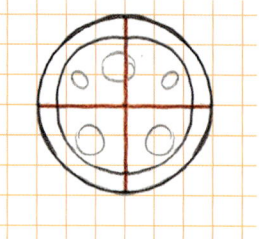

Verschiedene Brüche

Erzähle.

2 Färbe die Felder mit den Stammbrüchen gelb, die Felder mit den abgeleiteten Brüchen blau.

$\frac{4}{6}$	$\frac{3}{5}$	$\frac{1}{5}$	$\frac{2}{7}$	$\frac{1}{8}$	$\frac{3}{9}$	$\frac{1}{2}$	$\frac{8}{13}$	$\frac{6}{15}$
$\frac{8}{9}$	$\frac{1}{9}$	$\frac{1}{20}$	$\frac{1}{8}$	$\frac{4}{15}$	$\frac{1}{6}$	$\frac{1}{53}$	$\frac{1}{11}$	$\frac{7}{3}$
$\frac{3}{4}$	$\frac{1}{3}$	$\frac{1}{15}$	$\frac{1}{4}$	$\frac{8}{21}$	$\frac{1}{84}$	$\frac{1}{17}$	$\frac{1}{100}$	$\frac{15}{17}$
$\frac{6}{10}$	$\frac{2}{5}$	$\frac{1}{10}$	$\frac{4}{9}$	$\frac{13}{17}$	$\frac{5}{7}$	$\frac{1}{7}$	$\frac{7}{48}$	$\frac{2}{3}$

So gut kann ich die Aufgaben: 😊😐☹️

Klick! inklusiv

7|8

Mathematik|Arbeitsheft

Brüche und Dezimalzahlen

Erarbeitet von
Elisabeth Jenert
Petra Kühne

Klick! inklusiv

Mathematik|Arbeitsheft 7|8
Brüche und Dezimalzahlen

Teile dieses Arbeitsheftes basieren auf Inhalten der Lehrwerksreihe Klick! Mathematik.
Diese wurden herausgegeben von Prof. Dr. Franz B. Wember und Meike Busch sowie erarbeitet
von Daniel Jacob, Elisabeth Jenert, Petra Kühne, Maike Schindler, Ines Zemkalis

Redaktion: Inga Knoff, Karen Reitz-Koncebovski
Illustration: Timo Grubing, Münster
Technische Zeichnungen: Christian Böhning, Berlin; lernsatz.de
Umschlaggestaltung: Klein & Halm Grafikdesign, Berlin
Layout: lernsatz.de
Technische Umsetzung: PER MEDIEN & MARKETING GmbH, Braunschweig

Dieses Arbeitsheft ist Bestandteil des Schubers Klick! inklusiv 7/8 (978-3-06-002133-8).
Zu dem Schuber gehören die folgenden Arbeitshefte:
Natürliche und rationale Zahlen / Terme (978-3-06-002120-8)
Brüche und Dezimalzahlen (978-3-06-002121-5)
Prozentrechnung (978-3-06-002122-2)
Zuordnungen / Daten und Zufall (978-3-06-002123-9)
Flächen und Körper (978-3-06-002124-6)
Sachaufgaben (978-3-06-002125-3)

Lösungen und Selbsteinschätzungsbögen zum Arbeitsheft sind als kostenloser Download unter
www.cornelsen.de/klick-inklusiv erhältlich.

www.cornelsen.de

1. Auflage, 5. Druck 2025

Alle Drucke dieser Auflage sind inhaltlich unverändert
und können im Unterricht nebeneinander verwendet werden.

Druck: Drukarnia Dimograf Sp. z o.o., Bielsko-Biała

ISBN 978-3-06-002121-5

PEFC-zertifiziert
Dieses Produkt
stammt aus
nachhaltig
bewirtschafteten
Wäldern und
kontrollierten Quellen
www.pefc.pl

PEFC/32-31-076

So geht es: Brüche, gemischte Zahlen, Erweitern und Kürzen

Bezeichnung von Brüchen

Der Zähler zählt $\frac{3}{4}$ die Bruchteile: 3 Teile $\quad$ Der Nenner nennt alle Teile des Ganzen: 4 Teile

drei Viertel

Bruchteile von Anzahlen und Größen berechnen

Wenn der Bruchteil, den man berechnet, ein Stammbruch ist, dividiert man durch den Nenner: $\frac{1}{4}$ von 20 ist 5, denn 20 : 4 = 5.

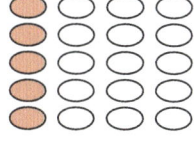

Wenn der Bruchteil, den man berechnet, kein Stammbruch ist, rechnet man in zwei Schritten: erst durch den Nenner dividieren, dann mit dem Zähler multiplizieren.

$\frac{3}{4}$ von 28: $\quad 28 \xrightarrow{:4} 7 \xrightarrow{\cdot 3} 21 \qquad \frac{3}{4}$ von 28 ist also 21.

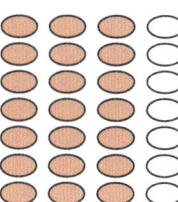

Gemischte Zahlen

Ist ein Bruch größer als ein Ganzes, kann er als **gemischte Zahl** geschrieben werden.

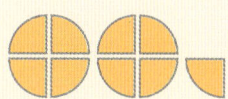 $\frac{9}{4} = 2\frac{1}{4}$

zwei ein Viertel

1 Überlegt, wie ihr beim Umwandeln von Brüchen in gemischte Zahlen oder natürliche Zahlen rechnen könnt.

Ich überlege, wie oft passt die 4 in die 7…

Ich teile 7 durch 4. Wenn ein Rest bleibt, erhalte ich eine gemischte Zahl.

$\frac{7}{4}$ = _____ $\qquad\qquad$ $\frac{8}{4}$ = _____

Erweitern

Ein Bruch wird erweitert, indem Zähler und Nenner mit derselben Zahl multipliziert werden.

Erweitern des Bruches $\frac{1}{2}$ mit 2: $\frac{1}{2} = \frac{1 \cdot 2}{2 \cdot 2} = \frac{2}{4}$ $\quad$ Erweitern des Bruches $\frac{1}{2}$ mit 3: $\frac{1}{2} = \frac{1 \cdot 3}{2 \cdot 3} = \frac{3}{6}$

Kürzen

Ein Bruch wird gekürzt, indem Zähler und Nenner durch dieselbe Zahl dividiert werden.

Kürzen des Bruches $\frac{6}{8}$ mit 2: $\frac{6}{8} = \frac{6 : 2}{8 : 2} = \frac{3}{4}$ $\quad$ Kürzen des Bruches $\frac{6}{9}$ mit 3: $\frac{6}{9} = \frac{6 : 3}{9 : 3} = \frac{2}{3}$

Einen Bruch kann man kürzen, wenn Zähler und Nenner in derselben 1·1-Reihe vorkommen.

Brüche als Teile eines Ganzen

1 Schreibe die farbig gekennzeichneten Brüche auf.

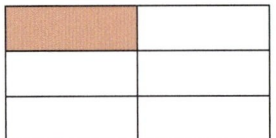 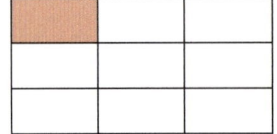 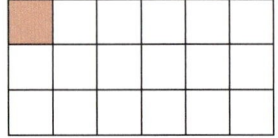 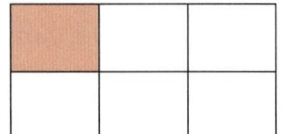

_____ _____ _____ _____

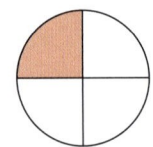 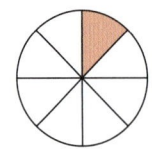 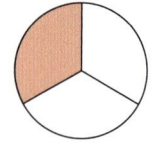 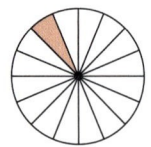

_____ _____ _____ _____

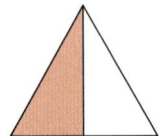 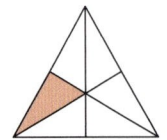 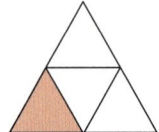 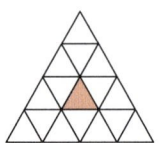

_____ _____ _____ _____

2 Kennzeichne die angegebenen Brüche farbig.

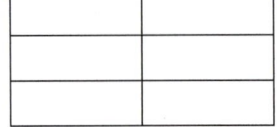 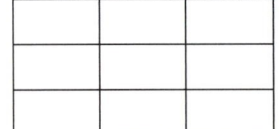 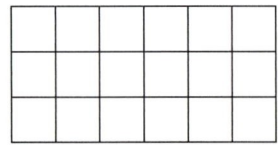 

$\dfrac{2}{6}$ $\dfrac{4}{9}$ $\dfrac{12}{18}$ $\dfrac{4}{6}$

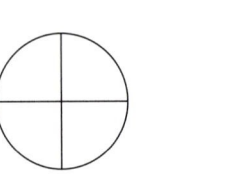 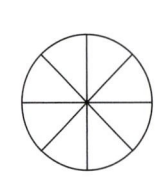 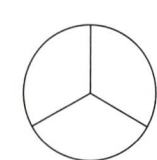 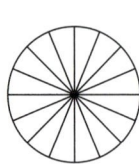

$\dfrac{3}{4}$ $\dfrac{5}{8}$ $\dfrac{2}{3}$ $\dfrac{10}{16}$

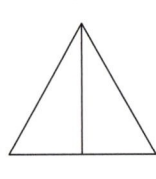 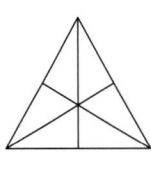 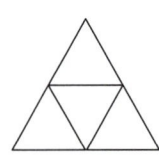 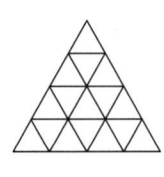

$\dfrac{1}{2}$ $\dfrac{4}{6}$ $\dfrac{2}{4}$ $\dfrac{12}{16}$

Bruchteile von Anzahlen und Größen

Die Hälfte der Hunde im Tierheim sind Kampfhunde.

Ein Zehntel der Hunde im Tierheim wurde ausgesetzt.

Drei Viertel der Hunde im Tierheim beißen nicht.

Ein Drittel der Hunde im Tierheim ist schon länger als ein Jahr dort.

Zwei Fünftel der Hunde waren krank, als sie ins Tierheim kamen.

Zeichne jeweils ein und schreibe die Antwort dazu.

1 Wie viele Hunde wurden ausgesetzt?

Tipp: Teile in zehn gleich große Teile und markiere eins davon.

_____ Hunde wurden ausgesetzt.

2 Wie viele Hunde sind schon länger als ein Jahr im Tierheim?

_____ Hunde sind schon länger als ein Jahr im Tierheim.

3 Wie viele Hunde im Tierheim sind Kampfhunde?

_____ Hunde im Tierheim sind Kampfhunde.

Tipp: Teile in fünf gleich große Teile und markiere zwei davon.

4 Wie viele Hunde waren krank, als sie ins Tierheim kamen?

_____ Hunde waren krank, als sie ins Tierheim kamen.

5 Wie viele Hunde im Tierheim beißen nicht?

_____ Hunde im Tierheim beißen nicht.

6 Berechne die Anteile.

a) $\frac{1}{4}$ von

1	2	=	
2	0	=	
3,	6	=	
1	0 0	=	

b) $\frac{1}{2}$ von

4	6	=	
1 4,	4	=	
5,	2	=	
7	0 0	=	

c) $\frac{1}{3}$ von

1	5	=	
6	0 0	=	
1	3, 2	=	
1,	8	=	

7 Berechne die Bruchteile.

a) $\frac{3}{4}$ von 32   32 $\xrightarrow{\;:\;}$ ☐ $\xrightarrow{\;\cdot\;}$ ☐ $\frac{3}{4}$ von 32 sind ☐.

b) $\frac{3}{10}$ von 60   60 $\xrightarrow{\;:\;}$ ☐ $\xrightarrow{\;\cdot\;}$ ☐ $\frac{3}{10}$ von 60 sind ☐.

c) $\frac{2}{3}$ von 72   72 $\xrightarrow{\;:\;}$ ☐ $\xrightarrow{\;\cdot\;}$ ☐ $\frac{2}{3}$ von 72 sind ☐.

8 Malermeister Guder gestaltet einen Geschäftsraum neu. Eine Wand wird vertäfelt, die anderen werden verputzt und gestrichen. Ein kleiner Teil wird tapeziert. Der Boden wird zum Teil gefliest und zum anderen Teil mit Teppich ausgelegt. Zur Bereitstellung des Materials muss nun die Größe der jeweiligen Flächen berechnet werden.
Die Gesamtfläche des Bodens beträgt 48 m², die der Wände beträgt 70 m².

a) Fliesen: $\frac{5}{8}$ der Fläche 48 m²   48 $\xrightarrow{\;:\;}$ ☐ $\xrightarrow{\;\cdot\;}$ ☐   ☐ m²

   Teppich: $\frac{3}{8}$ der Fläche 48 m²   48 $\xrightarrow{\;:\;}$ ☐ $\xrightarrow{\;\cdot\;}$ ☐   ☐

b) vertäfelt: $\frac{4}{10}$ der Fläche 70 m²   70 $\xrightarrow{\;:\;}$ ☐ $\xrightarrow{\;\cdot\;}$ ☐   ☐

   verputzt: $\frac{3}{10}$ der Fläche 70 m²   70 $\xrightarrow{\;:\;}$ ☐ $\xrightarrow{\;\cdot\;}$ ☐   ☐

   tapeziert: $\frac{1}{10}$ der Fläche 70 m²   70 $\xrightarrow{\;:\;}$ ☐   ☐

   Fenster: $\frac{1}{5}$ der Fläche 70 m²   70 $\xrightarrow{\;:\;}$ ☐   ☐

c) Überprüfe deine Ergebnisse, indem du sie addierst.
Die Summe der Teilflächen muss bei a) 48 m² und bei b) 70 m² ergeben.

9 Berechne die Anteile. Färbe ein.

a) Färbe blau: $\frac{1}{2}$ von 12

b) Färbe grün: $\frac{1}{3}$ von 18

c) Färbe rot: $\frac{1}{5}$ von 20

d) Färbe gelb: $\frac{1}{8}$ von 24

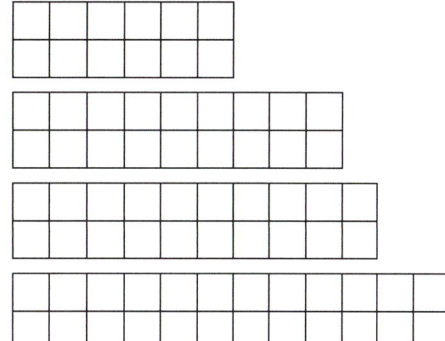

10 Wie groß sind die Bruchteile?

a) $\frac{1}{2}$ von 28 = _____

b) $\frac{1}{4}$ von 16 = _____

c) $\frac{1}{2}$ von 140 = _____

d) $\frac{1}{6}$ von 48 = _____

e) $\frac{1}{5}$ von 35 = _____

f) $\frac{1}{10}$ von 230 = _____

g) $\frac{1}{7}$ von 63 = _____

h) $\frac{1}{8}$ von 56 = _____

i) $\frac{1}{3}$ von 270 = _____

11 Berechne jeweils die Anteile.

a) $\frac{1}{5}$ von

10 = _____

100 = _____

1000 = _____

b) $\frac{1}{10}$ von

20 = _____

50 = _____

70 = _____

c) $\frac{1}{4}$ von

40 = _____

80 = _____

120 = _____

12 Berechne die Anteile. Achte auf die Einheiten.

a) $\frac{1}{2}$ von 14 m = _____

b) $\frac{1}{4}$ von 1 000 g = _____

c) $\frac{1}{3}$ von 21 kg = _____

d) $\frac{1}{5}$ von 45 m = _____

e) $\frac{1}{10}$ von 420 km = _____

f) $\frac{1}{9}$ von 72 l = _____

13 Berechne die Anteile. Nutze den Taschenrechner.

a) $\frac{1}{4}$ von 300 = _____

b) $\frac{1}{10}$ von 45 = _____

c) $\frac{1}{8}$ von 100 = _____

d) $\frac{3}{6}$ von 348 = _____

e) $\frac{3}{4}$ von 24 = _____

f) $\frac{5}{8}$ von 64 = _____

g) $\frac{2}{7}$ von 21 = _____

h) $\frac{2}{3}$ von 60 = _____

i) $\frac{3}{4}$ von 18 = _____

Brüche und gemischte Zahlen

1 Notiere zu jeder Abbildung den passenden Bruch.

a)   b)    c)    d) 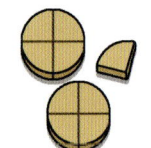   e)

_____   _____   _____   _____   _____

2 Tim und Anna haben Aufgabe **1** d) mit Material gelegt.

Ich habe die Ganzen in Viertel aufgeteilt. Ich habe neun Viertel.

Ich habe die Teile zusammengelegt. Ich habe zwei Ganze und ein Viertel.

Was fällt dir auf? Schreibe auf.

_____

_____

_____

_____

3 Ordne den Abbildungen den passenden Bruch und die passende gemischte Zahl zu.

A    B    C 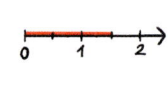   D    E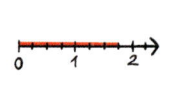

$\frac{7}{4}$ $2\frac{1}{2}$ $1\frac{2}{3}$ $\frac{3}{2}$ $\frac{5}{2}$ $1\frac{1}{2}$ $1\frac{3}{4}$ $\frac{5}{3}$ $2\frac{1}{6}$ $\frac{13}{6}$

4 Ergänze.

a) $1 = \dfrac{\square}{3}$ b) $2 = \dfrac{\square}{4}$ c) $\dfrac{7}{7} = \square$ d) $\dfrac{8}{8} = \square$ e) $\square = \dfrac{4}{4}$ f) $\dfrac{12}{4} = \square$ g) $3 = \dfrac{\square}{8}$

$1 = \dfrac{4}{\square}$ $3 = \dfrac{\square}{4}$ $\dfrac{14}{7} = \square$ $\dfrac{16}{\square} = 2$ $2 = \dfrac{\square}{4}$ $\dfrac{16}{4} = \square$ $\dfrac{16}{\square} = 2$

Wandle die Brüche um. Ist das Ergebnis eine ganze Zahl oder eine gemischte Zahl?
Schreibe wie im Beispiel.

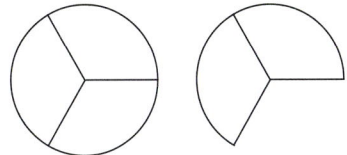 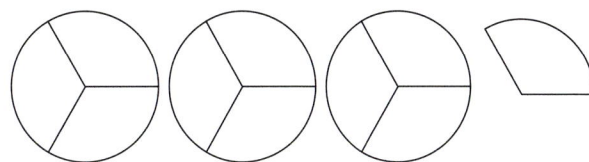

5 a) $\dfrac{5}{3}$ = $1\dfrac{2}{3}$ *gemischte*   Zahl   b) $\dfrac{10}{3}$ = _____ Zahl

c) $\dfrac{15}{3}$ = _____ Zahl   d) $\dfrac{11}{3}$ = _____ Zahl

e) $\dfrac{9}{3}$ = _____ Zahl   f) $\dfrac{17}{3}$ = _____ Zahl

6 a) $\dfrac{9}{4}$ = _____ Zahl   b) $\dfrac{20}{4}$ = _____ Zahl

c) $\dfrac{13}{4}$ = _____ Zahl   d) $\dfrac{17}{4}$ = _____ Zahl

e) $\dfrac{8}{4}$ = _____ Zahl   f) $\dfrac{7}{4}$ = _____ Zahl

7 a) $\dfrac{12}{5}$ = _____ Zahl   b) $\dfrac{25}{5}$ = _____ Zahl

c) $\dfrac{19}{5}$ = _____ Zahl   d) $\dfrac{6}{5}$ = _____ Zahl

e) $\dfrac{22}{5}$ = _____ Zahl   f) $\dfrac{10}{5}$ = _____ Zahl

8 a) $\dfrac{8}{3}$ = _____ Zahl   b) $\dfrac{22}{4}$ = _____ Zahl

c) $\dfrac{15}{5}$ = _____ Zahl   d) $\dfrac{18}{3}$ = _____ Zahl

e) $\dfrac{12}{4}$ = _____ Zahl   f) $\dfrac{17}{5}$ = _____ Zahl

g) $\dfrac{20}{8}$ = _____ Zahl   h) $\dfrac{30}{9}$ = _____ Zahl

i) $\dfrac{56}{7}$ = _____ Zahl   k) $\dfrac{66}{6}$ = _____ Zahl

9 Wandle die Brüche um.
Ist das Ergebnis eine ganze Zahl oder eine gemischte Zahl?
Schreibe wie im Beispiel.

a) $\dfrac{15}{2}$ = $7\dfrac{1}{2}$ _gemischte_ Zahl

b) $\dfrac{10}{2}$ = _____ _____ Zahl

c) $\dfrac{19}{6}$ = _____ _____ Zahl

d) $\dfrac{30}{6}$ = _____ _____ Zahl

e) $\dfrac{11}{10}$ = _____ _____ Zahl

f) $\dfrac{23}{10}$ = _____ _____ Zahl

g) $\dfrac{24}{8}$ = _____ _____ Zahl

h) $\dfrac{19}{8}$ = _____ _____ Zahl

10 Wandle die Brüche um.

a) $\dfrac{11}{9}$ = _____

b) $\dfrac{19}{4}$ = _____

c) $\dfrac{17}{12}$ = _____

d) $\dfrac{12}{6}$ = _____

e) $\dfrac{13}{12}$ = _____

f) $\dfrac{15}{5}$ = _____

g) $\dfrac{20}{7}$ = _____

h) $\dfrac{13}{3}$ = _____

j) $\dfrac{11}{8}$ = _____

k) $\dfrac{16}{4}$ = _____

l) $\dfrac{12}{3}$ = _____

m) $\dfrac{16}{6}$ = _____

n) $\dfrac{27}{9}$ = _____

o) $\dfrac{32}{10}$ = _____

p) $\dfrac{16}{2}$ = _____

q) $\dfrac{23}{11}$ = _____

11 Welcher Bruch gehört nicht in die Reihe? Wandle um und begründe.

a) $\dfrac{30}{3}$ = _____ 　 $\dfrac{30}{4}$ = _____ 　 $\dfrac{30}{5}$ = _____ 　 $\dfrac{30}{6}$ = _____

Der Bruch _____ gehört nicht dazu, weil er als einziger in

eine _____ Zahl umgewandelt wird.

b) $\dfrac{20}{2}$ = _____ 　 $\dfrac{20}{3}$ = _____ 　 $\dfrac{20}{4}$ = _____ 　 $\dfrac{20}{5}$ = _____

Der Bruch _____ gehört nicht dazu, weil er als einziger in

eine _____ Zahl umgewandelt wird.

12 Trage <, > oder = ein.

a) $\dfrac{5}{4}$ ☐ 1 　 $\dfrac{6}{6}$ ☐ 1

b) $\dfrac{2}{9}$ ☐ 1 　 $\dfrac{10}{9}$ ☐ 1

c) $\dfrac{10}{10}$ ☐ 1 　 $\dfrac{1}{8}$ ☐ 1

d) $\dfrac{7}{4}$ ☐ 1 　 $\dfrac{4}{7}$ ☐ 1

e) $\dfrac{5}{5}$ ☐ 1 　 $\dfrac{14}{8}$ ☐ 1

Erweitern von Brüchen

1 Erweitere die Brüche mit 2.

a) $\dfrac{3}{4} = \dfrac{3 \cdot 2}{4 \cdot 2} = \dfrac{6}{8}$

b) $\dfrac{1}{2} = \dfrac{\cdot}{\cdot} = \underline{\quad}$

c) $\dfrac{4}{3} = \dfrac{\cdot}{\cdot} = \underline{\quad}$

d) $\dfrac{9}{10} = \dfrac{\cdot}{\cdot} = \underline{\quad}$

e) $\dfrac{2}{5} = \dfrac{\cdot}{\cdot} = \underline{\quad}$

f) $\dfrac{8}{9} = \dfrac{\cdot}{\cdot} = \underline{\quad}$

g) $\dfrac{7}{5} = \dfrac{\cdot}{\cdot} = \underline{\quad}$

h) $\dfrac{9}{6} = \dfrac{\cdot}{\cdot} = \underline{\quad}$

i) $\dfrac{8}{7} = \dfrac{\cdot}{\cdot} = \underline{\quad}$

2 Erweitere die Brüche mit 3.

a) $\dfrac{5}{8} = \dfrac{\quad}{\quad} = \underline{\quad}$

b) $\dfrac{1}{3} = \dfrac{\quad}{\quad} = \underline{\quad}$

c) $\dfrac{5}{9} = \dfrac{\quad}{\quad} = \underline{\quad}$

d) $\dfrac{3}{11} = \dfrac{\quad}{\quad} = \underline{\quad}$

e) $\dfrac{9}{6} = \dfrac{\quad}{\quad} = \underline{\quad}$

f) $\dfrac{4}{7} = \dfrac{\quad}{\quad} = \underline{\quad}$

g) $\dfrac{9}{2} = \dfrac{\quad}{\quad} = \underline{\quad}$

h) $\dfrac{6}{5} = \dfrac{\quad}{\quad} = \underline{\quad}$

i) $\dfrac{8}{5} = \dfrac{\quad}{\quad} = \underline{\quad}$

3 Erweitere die Brüche mit 5.

a) $\dfrac{3}{5} = \dfrac{\quad}{\quad} = \underline{\quad}$

b) $\dfrac{4}{7} = \dfrac{\quad}{\quad} = \underline{\quad}$

c) $\dfrac{1}{7} = \dfrac{\quad}{\quad} = \underline{\quad}$

d) $\dfrac{3}{7} = \dfrac{\quad}{\quad} = \underline{\quad}$

e) $\dfrac{12}{20} = \dfrac{\quad}{\quad} = \underline{\quad}$

f) $\dfrac{8}{5} = \dfrac{\quad}{\quad} = \underline{\quad}$

g) $\dfrac{6}{5} = \dfrac{\quad}{\quad} = \underline{\quad}$

h) $\dfrac{7}{3} = \dfrac{\quad}{\quad} = \underline{\quad}$

i) $\dfrac{5}{4} = \dfrac{\quad}{\quad} = \underline{\quad}$

4 Erweitere die Brüche mit 7.

a) $\dfrac{2}{5} = \dfrac{\quad}{\quad} = \underline{\quad}$

b) $\dfrac{4}{6} = \dfrac{\quad}{\quad} = \underline{\quad}$

c) $\dfrac{1}{8} = \dfrac{\quad}{\quad} = \underline{\quad}$

d) $\dfrac{3}{7} = \dfrac{\quad}{\quad} = \underline{\quad}$

e) $\dfrac{12}{20} = \dfrac{\quad}{\quad} = \underline{\quad}$

f) $\dfrac{9}{4} = \dfrac{\quad}{\quad} = \underline{\quad}$

5 Mit welcher Zahl wurde erweitert? Ergänze.

a) $\dfrac{3}{2} = \dfrac{3 \cdot}{2 \cdot} = \dfrac{9}{6}$
b) $\dfrac{3}{4} = \underline{\qquad} = \dfrac{15}{20}$
c) $\dfrac{5}{6} = \underline{\qquad} = \dfrac{35}{42}$

d) $\dfrac{4}{9} = \underline{\qquad} = \dfrac{8}{18}$
e) $\dfrac{3}{7} = \underline{\qquad} = \dfrac{18}{42}$
f) $\dfrac{4}{5} = \underline{\qquad} = \dfrac{16}{20}$

g) $\dfrac{2}{8} = \underline{\qquad} = \dfrac{4}{16}$
h) $\dfrac{4}{5} = \underline{\qquad} = \dfrac{20}{25}$
i) $\dfrac{3}{7} = \underline{\qquad} = \dfrac{27}{63}$

j) $\dfrac{8}{9} = \underline{\qquad} = \dfrac{24}{27}$
k) $\dfrac{5}{8} = \underline{\qquad} = \dfrac{40}{64}$
l) $\dfrac{7}{10} = \underline{\qquad} = \dfrac{28}{40}$

m) $\dfrac{4}{3} = \underline{\qquad} = \dfrac{20}{15}$
n) $\dfrac{7}{6} = \underline{\qquad} = \dfrac{42}{36}$
o) $\dfrac{12}{8} = \underline{\qquad} = \dfrac{36}{24}$

6 Erweitere so, dass alle Brüche den Nenner 18 haben.

a) $\dfrac{3}{9} = \dfrac{3 \cdot}{9 \cdot} = \dfrac{}{18}$
b) $\dfrac{2}{3} = \underline{\qquad} = \dfrac{}{18}$
c) $\dfrac{1}{6} = \underline{\qquad} = \dfrac{}{18}$

d) $\dfrac{1}{2} = \underline{\qquad} = \dfrac{}{18}$
e) $\dfrac{2}{6} = \underline{\qquad} = \dfrac{}{18}$
f) $\dfrac{8}{3} = \underline{\qquad} = \dfrac{}{18}$

7 Erweitere so, dass alle Brüche den Nenner 16 haben.

a) $\dfrac{1}{4} = \dfrac{1 \cdot}{4 \cdot} = \dfrac{}{16}$
b) $\dfrac{3}{8} = \underline{\qquad} = \dfrac{}{16}$
c) $\dfrac{1}{2} = \underline{\qquad} = \dfrac{}{16}$

d) $\dfrac{3}{4} = \underline{\qquad} = \dfrac{}{16}$
e) $\dfrac{5}{2} = \underline{\qquad} = \dfrac{}{16}$
f) $\dfrac{7}{8} = \underline{\qquad} = \dfrac{}{16}$

8 Erweitere so, dass alle Brüche den Nenner 24 haben.

a) $\dfrac{3}{4} = \dfrac{3 \cdot}{4 \cdot} = \dfrac{}{24}$
b) $\dfrac{3}{8} = \underline{\qquad} = \dfrac{}{24}$
c) $\dfrac{1}{6} = \underline{\qquad} = \dfrac{}{24}$

d) $\dfrac{1}{2} = \underline{\qquad} = \dfrac{}{24}$
e) $\dfrac{2}{3} = \underline{\qquad} = \dfrac{}{24}$
f) $\dfrac{8}{12} = \underline{\qquad} = \dfrac{}{24}$

g) $\dfrac{5}{6} = \underline{\qquad} = \dfrac{}{24}$
h) $\dfrac{1}{4} = \underline{\qquad} = \dfrac{}{24}$
i) $\dfrac{5}{8} = \underline{\qquad} = \dfrac{}{24}$

Kürzen von Brüchen

1 Kürze die Brüche mit 2.

a) $\dfrac{4}{6} = \dfrac{4 \;:\; 2}{6 \;:\; 2} = \dfrac{2}{3}$ 　　b) $\dfrac{6}{12} = \dfrac{\quad : \quad}{\quad : \quad} = \underline{\qquad}$ 　　c) $\dfrac{14}{8} = \dfrac{\quad : \quad}{\quad : \quad} = \underline{\qquad}$

d) $\dfrac{22}{30} = \dfrac{\quad : \quad}{\quad : \quad} = \underline{\qquad}$ 　　e) $\dfrac{16}{22} = \dfrac{\quad : \quad}{\quad : \quad} = \underline{\qquad}$ 　　f) $\dfrac{16}{18} = \dfrac{\quad : \quad}{\quad : \quad} = \underline{\qquad}$

g) $\dfrac{20}{16} = \dfrac{\quad : \quad}{\quad : \quad} = \underline{\qquad}$ 　　h) $\dfrac{12}{8} = \dfrac{\quad : \quad}{\quad : \quad} = \underline{\qquad}$ 　　i) $\dfrac{10}{2} = \dfrac{\quad : \quad}{\quad : \quad} = \underline{\qquad}$

2 Kürze die Brüche mit 4.

a) $\dfrac{12}{16} = \dfrac{\qquad}{\qquad} = \underline{\qquad}$ 　　b) $\dfrac{4}{20} = \dfrac{\qquad}{\qquad} = \underline{\qquad}$ 　　c) $\dfrac{8}{24} = \dfrac{\qquad}{\qquad} = \underline{\qquad}$

d) $\dfrac{24}{40} = \dfrac{\qquad}{\qquad} = \underline{\qquad}$ 　　e) $\dfrac{32}{12} = \dfrac{\qquad}{\qquad} = \underline{\qquad}$ 　　f) $\dfrac{4}{24} = \dfrac{\qquad}{\qquad} = \underline{\qquad}$

g) $\dfrac{16}{8} = \dfrac{\qquad}{\qquad} = \underline{\qquad}$ 　　h) $\dfrac{28}{24} = \dfrac{\qquad}{\qquad} = \underline{\qquad}$ 　　i) $\dfrac{40}{28} = \dfrac{\qquad}{\qquad} = \underline{\qquad}$

3 Kürze die Brüche mit 5.

a) $\dfrac{10}{45} = \dfrac{\qquad}{\qquad} - \underline{\qquad}$ 　　b) $\dfrac{20}{35} = \dfrac{\qquad}{\qquad} = \underline{\qquad}$ 　　c) $\dfrac{5}{15} = \dfrac{\qquad}{\qquad} = \underline{\qquad}$

d) $\dfrac{25}{55} = \dfrac{\qquad}{\qquad} = \underline{\qquad}$ 　　e) $\dfrac{15}{20} = \dfrac{\qquad}{\qquad} = \underline{\qquad}$ 　　f) $\dfrac{45}{75} = \dfrac{\qquad}{\qquad} = \underline{\qquad}$

g) $\dfrac{30}{40} = \dfrac{\qquad}{\qquad} = \underline{\qquad}$ 　　h) $\dfrac{35}{50} = \dfrac{\qquad}{\qquad} = \underline{\qquad}$ 　　i) $\dfrac{20}{100} = \dfrac{\qquad}{\qquad} = \underline{\qquad}$

4 Kürze die Brüche mit 6.

a) $\dfrac{6}{18} = \dfrac{\qquad}{\qquad} = \underline{\qquad}$ 　　b) $\dfrac{18}{24} = \dfrac{\qquad}{\qquad} = \underline{\qquad}$ 　　c) $\dfrac{36}{66} = \dfrac{\qquad}{\qquad} = \underline{\qquad}$

d) $\dfrac{24}{30} = \dfrac{\qquad}{\qquad} = \underline{\qquad}$ 　　e) $\dfrac{48}{54} = \dfrac{\qquad}{\qquad} = \underline{\qquad}$ 　　f) $\dfrac{6}{78} = \dfrac{\qquad}{\qquad} = \underline{\qquad}$

5

a) Ergänze die Brüche.

$\dfrac{}{1\,2}$ sind rot. $\dfrac{}{1\,2}$ ist blau.

$\dfrac{}{1\,2}$ sind lila. $\dfrac{}{1\,2}$ sind gelb.

$\dfrac{}{1\,2}$ haben Punkte. $\dfrac{}{1\,2}$ sind rot und haben Punkte.

b) Kürze die Brüche.

$$\dfrac{6}{1\,2} = \dfrac{:}{:} = \dfrac{}{}$$

$$\dfrac{4}{1\,2} = \dfrac{:}{:} = \dfrac{}{}$$

$$\dfrac{3}{1\,2} = \dfrac{:}{:} = \dfrac{}{}$$

$$\dfrac{2}{1\,2} = \dfrac{:}{:} = \dfrac{}{}$$

6 Mit welcher Zahl kannst du die Brüche kürzen? Ergänze.

a) $\dfrac{30}{40} = \dfrac{30 :}{40 :} = \underline{}$

b) $\dfrac{16}{18} = \dfrac{}{} = \underline{}$

c) $\dfrac{54}{81} = \dfrac{}{} = \underline{}$

d) $\dfrac{48}{54} = \dfrac{}{} = \underline{}$

e) $\dfrac{25}{30} = \dfrac{}{} = \underline{}$

f) $\dfrac{21}{35} = \dfrac{}{} = \underline{}$

g) $\dfrac{16}{28} = \dfrac{}{} = \underline{}$

h) $\dfrac{30}{27} = \dfrac{}{} = \underline{}$

i) $\dfrac{36}{42} = \dfrac{}{} = \underline{}$

7 Kürze so weit wie möglich. Du kannst auch schrittweise kürzen wie im Beispiel.

$$\dfrac{24}{64} = \dfrac{24 : 2}{64 : 2} = \dfrac{12}{32} = \dfrac{12 : 4}{32 : 4} = \dfrac{3}{8}$$

a) $\dfrac{21}{63} = \dfrac{:}{:} = $

b) $\dfrac{63}{105} = \dfrac{:}{:} = $

c) $\dfrac{36}{90} = \dfrac{:}{:} = $

d) $\dfrac{55}{33} = \dfrac{:}{:} = $

e) $\dfrac{99}{66} = \dfrac{:}{:} = $

Das kann ich schon

1 Berechne die Anteile. Achte dabei auf den Rechenweg.

a) $\frac{2}{5}$ von 25   25 $\xrightarrow{:}$ ☐ $\xrightarrow{\cdot}$ ☐ $\frac{2}{5}$ von 25 sind ☐ .

b) $\frac{4}{9}$ von 27   27 $\longrightarrow$ ☐ $\longrightarrow$ ☐ $\frac{4}{9}$ von 27 sind ☐ .

☺☺☹ c) $\frac{2}{7}$ von 35   35 $\longrightarrow$ ☐ $\longrightarrow$ ☐ $\frac{2}{7}$ von 35 sind ☐ .

2 Berechne die Anteile im Kopf. Achte auf die Einheiten.

a) $\frac{1}{4}$ von 36 m = _____

b) $\frac{1}{8}$ von 24 l = _____

c) $\frac{1}{7}$ von 21 kg = _____

☺☺☹ d) $\frac{2}{9}$ von 36 m = _____

e) $\frac{3}{4}$ von 24 l = _____

f) $\frac{2}{3}$ von 21 kg = _____

3 Wandle die Brüche in ganze oder in gemischte Zahlen um.

☺☺☹ a) $\frac{9}{5}$ = _____

b) $\frac{16}{7}$ = _____

c) $\frac{27}{9}$ = _____

d) $\frac{33}{4}$ = _____

e) $\frac{24}{6}$ = _____

4 Erweitere die Brüche so, dass sie den angegebenen Nenner haben.

a) $\frac{1}{2}$ = $\dfrac{}{}$ = $\dfrac{}{12}$

b) $\frac{4}{3}$ = $\dfrac{}{}$ = $\dfrac{}{6}$

c) $\frac{5}{7}$ = $\dfrac{}{}$ = $\dfrac{}{21}$

d) $\frac{2}{5}$ = $\dfrac{}{}$ = $\dfrac{}{50}$

e) $\frac{7}{9}$ = $\dfrac{}{}$ = $\dfrac{}{27}$

☺☺☹ f) $\frac{3}{4}$ = $\dfrac{}{}$ = $\dfrac{}{44}$

5 Kürze die Brüche so weit wie möglich.

a) $\frac{6}{8}$ = $\dfrac{}{}$ = ___

b) $\frac{8}{16}$ = $\dfrac{}{}$ = ___

c) $\frac{10}{35}$ = $\dfrac{}{}$ = ___

d) $\frac{18}{24}$ = $\dfrac{}{}$ = ___

e) $\frac{27}{72}$ = $\dfrac{}{}$ = ___

f) $\frac{7}{49}$ = $\dfrac{}{}$ = ___

☺☺☹ f) $\frac{48}{112}$ = $\dfrac{}{}$ = ___ = $\dfrac{}{}$ = ___

Start ins Thema: Brüche addieren und subtrahieren

1 Fertige eine Skizze an, in der man erkennt, wie viel
ein Viertel plus ein Viertel ist.

Tipp: Du kannst für die Skizze einen Kreis oder ein Rechteck nutzen.

$$\frac{1}{4} + \frac{1}{4} =$$

2 Juri hat drei Viertel von einem Apfel bekommen und gibt seinem kleinen Bruder ein Viertel
von dem Apfel ab. Er selbst behält _____ .

3 Erfinde zu den Bildern Additions- oder Subtraktionsgeschichten.
Schreibe jeweils eine Geschichte auf.

a)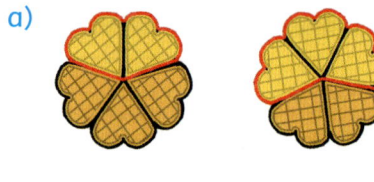

b)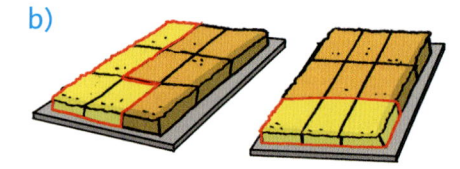

c)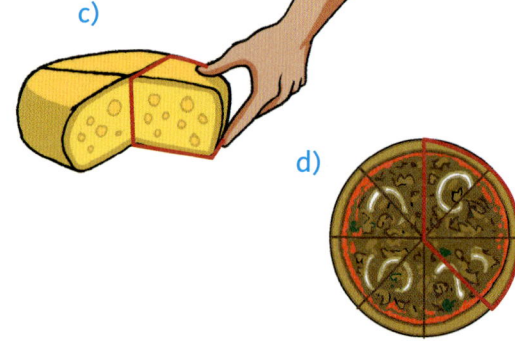

d)

So gut kann ich die Aufgaben: ☺ 😐 ☹

So geht es: Addition und Subtraktion von Brüchen

Addition und Subtraktion gleichnamiger Brüche

 $\frac{1}{6} + \frac{4}{6} = \frac{5}{6}$

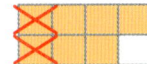 $\frac{7}{8} - \frac{2}{8} = \frac{5}{8}$

> Brüche mit demselben Nenner heißen **gleichnamige Brüche.**
> Gleichnamige Brüche kann man addieren und subtrahieren.

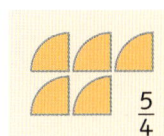 + 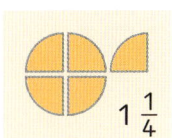 = $\frac{5}{4}$ = $1\frac{1}{4}$

$\frac{3}{4} + \frac{2}{4}$

$\frac{3}{4} + \frac{2}{4} = \frac{5}{4} = 1\frac{1}{4}$ Wenn im Ergebnis ein unechter Bruch steht, wird er in eine gemischte Zahl umgewandelt.

Addition und Subtraktion ungleichnamiger Brüche

Lisa schreibt die Aufgabe $\frac{1}{3} + \frac{1}{6}$ von der Tafel ab.

Wie kann ich die Aufgabe rechnen?

Ich bringe die Brüche auf denselben Nenner.

Lisa zeichnet die Bruchteile. Dann erweitert sie auf Sechstel. Nun kann sie addieren.

 +  = 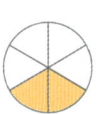 + 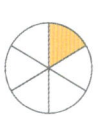 =

$\frac{1}{3}$ + $\frac{1}{6}$ $\qquad$ $\frac{2}{6}$ + $\frac{1}{6}$ = $\frac{3}{6}$ = $\frac{1}{2}$

> Für die Addition und Subtraktion von Brüchen gilt immer:
> 1. Ungleichnamige Brüche müssen zuerst gleichnamig gemacht werden;
>   entweder: nur einen Bruch umformen oder: beide Brüche umformen.
> 2. Dann werden die Zähler addiert oder subtrahiert, der gemeinsame Nenner bleibt.
> 3. Das Ergebnis wird so weit wie möglich gekürzt.
> 4. Wenn möglich, wird das Ergebnis in eine natürliche Zahl oder in eine gemischte
>   Zahl umgewandelt.

Addition und Subtraktion gleichnamiger Brüche

1 Wie viel ist es zusammen?

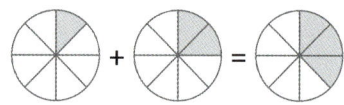   *ein Achtel* + *zwei Achtel* = _____

_____ + _____ = _____

_____ + _____ = _____

2 Wie viel ist es zusammen? Ergänze die Skizzen.

ein Achtel + ein Achtel = _____

ein Viertel + drei Viertel = _____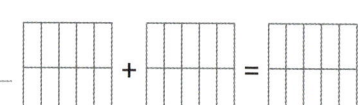

$\dfrac{3}{6} + \dfrac{2}{6}$ = _____

$\dfrac{4}{9} + \dfrac{3}{9}$ = _____

$\dfrac{1}{5} + \dfrac{3}{5}$ = _____

$\dfrac{4}{10} + \dfrac{5}{10}$ = _____

3 Wie viel bleibt übrig?

   *acht Zehntel* – *drei Zehntel*

= _____

_____ – _____

= _____

_____ – _____

= _____

   _____ – _____

= _____

4 Wie viel bleibt übrig? Ergänze die Skizzen.

drei Viertel – ein Viertel

= _____

fünf Neuntel – zwei Neuntel

= _____

$\dfrac{7}{8} - \dfrac{5}{8}$ = _____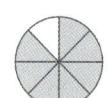

$\dfrac{3}{5} - \dfrac{1}{5}$ = _____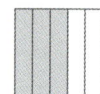

$\dfrac{4}{6} - \dfrac{3}{6}$ = _____

5 Addiere die Brüche und wandle das Ergebnis um.

a) $\dfrac{5}{6} + \dfrac{8}{6} = \dfrac{13}{6} = 2\dfrac{1}{6}$

b) $\dfrac{9}{10} + \dfrac{8}{10} = \underline{\hspace{1cm}} = \underline{\hspace{1cm}}$

c) $\dfrac{29}{8} + \dfrac{11}{8} = \underline{\hspace{1cm}} = \underline{\hspace{1cm}}$

d) $\dfrac{12}{5} + \dfrac{7}{5} = \underline{\hspace{1cm}} = \underline{\hspace{1cm}}$

e) $\dfrac{6}{2} + \dfrac{7}{2} = \underline{\hspace{1cm}} = \underline{\hspace{1cm}}$

f) $\dfrac{15}{7} + \dfrac{6}{7} = \underline{\hspace{1cm}} = \underline{\hspace{1cm}}$

g) $\dfrac{3}{4} + \dfrac{13}{4} = \underline{\hspace{1cm}} = \underline{\hspace{1cm}}$

h) $\dfrac{7}{3} + \dfrac{4}{3} = \underline{\hspace{1cm}} = \underline{\hspace{1cm}}$

i) $\dfrac{8}{9} + \dfrac{9}{9} = \underline{\hspace{1cm}} = \underline{\hspace{1cm}}$

k) $\dfrac{6}{4} + \dfrac{7}{4} = \underline{\hspace{1cm}} = \underline{\hspace{1cm}}$

l) $\dfrac{5}{11} + \dfrac{9}{11} = \underline{\hspace{1cm}} = \underline{\hspace{1cm}}$

m) $\dfrac{9}{6} + \dfrac{12}{6} = \underline{\hspace{1cm}} = \underline{\hspace{1cm}}$

6 Subtrahiere die Brüche und wandle das Ergebnis um.

a) $\dfrac{17}{2} - \dfrac{3}{2} = \dfrac{14}{2} = 7$

b) $\dfrac{19}{5} - \dfrac{7}{5} = \underline{\hspace{1cm}} = \underline{\hspace{1cm}}$

c) $\dfrac{18}{7} - \dfrac{5}{7} = \underline{\hspace{1cm}} = \underline{\hspace{1cm}}$

d) $\dfrac{8}{3} - \dfrac{6}{3} = \underline{\hspace{1cm}} = \underline{\hspace{1cm}}$

e) $\dfrac{17}{9} - \dfrac{6}{9} = \underline{\hspace{1cm}} = \underline{\hspace{1cm}}$

f) $\dfrac{25}{4} - \dfrac{1}{4} = \underline{\hspace{1cm}} = \underline{\hspace{1cm}}$

g) $\dfrac{22}{10} - \dfrac{5}{10} = \underline{\hspace{1cm}} = \underline{\hspace{1cm}}$

h) $\dfrac{35}{8} - \dfrac{3}{8} = \underline{\hspace{1cm}} = \underline{\hspace{1cm}}$

i) $\dfrac{28}{6} - \dfrac{3}{6} = \underline{\hspace{1cm}} = \underline{\hspace{1cm}}$

k) $\dfrac{25}{7} - \dfrac{4}{7} = \underline{\hspace{1cm}} = \underline{\hspace{1cm}}$

l) $\dfrac{27}{12} - \dfrac{16}{12} = \underline{\hspace{1cm}} = \underline{\hspace{1cm}}$

m) $\dfrac{17}{9} - \dfrac{6}{9} = \underline{\hspace{1cm}} = \underline{\hspace{1cm}}$

7 Ergänze. Achte auf die Rechenzeichen.

a) $\dfrac{12}{9} + \dfrac{6}{9} = \dfrac{18}{9} = 2$

b) $\dfrac{7}{3} - \dfrac{\square}{3} = \dfrac{\square}{3} = 1\dfrac{1}{3}$

c) $\dfrac{9}{4} + \dfrac{\square}{\square} = \dfrac{\square}{4} = 2\dfrac{3}{4}$

d) $\dfrac{55}{10} - \dfrac{\square}{\square} = \dfrac{\square}{\square} = 4$

e) $\dfrac{16}{6} - \dfrac{\square}{\square} = \dfrac{\square}{\square} = 2\dfrac{1}{6}$

f) $\dfrac{3}{8} + \dfrac{\square}{\square} = \dfrac{\square}{\square} = 1\dfrac{3}{8}$

g) $\dfrac{22}{7} - \dfrac{\square}{\square} = \dfrac{\square}{\square} = 2\dfrac{4}{7}$

h) $\dfrac{3}{2} + \dfrac{\square}{\square} = \dfrac{\square}{\square} = 5$

i) $\dfrac{30}{5} - \dfrac{\square}{\square} = \dfrac{\square}{\square} = 5\dfrac{1}{5}$

k) $\dfrac{26}{8} - \dfrac{\square}{\square} = \dfrac{\square}{\square} = 3$

l) $\dfrac{3}{7} + \dfrac{\square}{\square} = \dfrac{\square}{\square} = 3\dfrac{2}{7}$

m) $\dfrac{34}{11} - \dfrac{\square}{\square} = \dfrac{\square}{\square} = 3$

n) $\dfrac{19}{7} - \dfrac{\square}{\square} = \dfrac{\square}{\square} = 2\dfrac{1}{7}$

o) $\dfrac{2}{5} + \dfrac{\square}{\square} = \dfrac{\square}{\square} = 1\dfrac{1}{5}$

p) $\dfrac{24}{9} - \dfrac{\square}{\square} = \dfrac{\square}{\square} = 1\dfrac{7}{9}$

Addition und Subtraktion ungleichnamiger Brüche

1 Wie viel ist es zusammen? Erweitere zuerst.

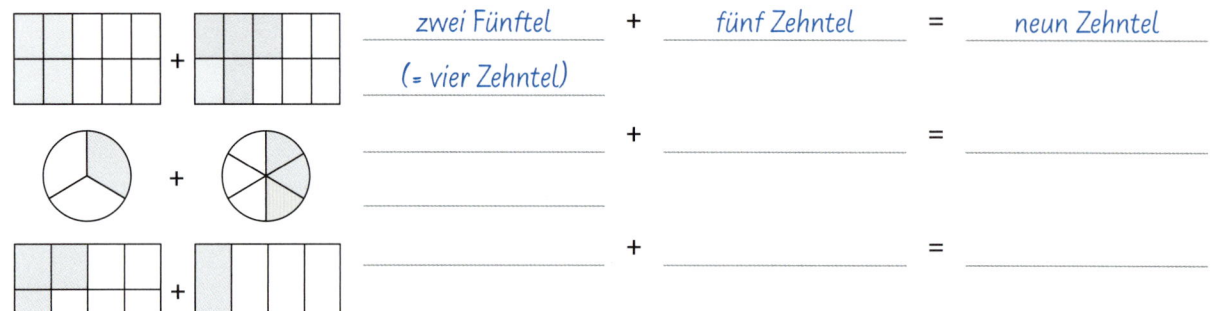

zwei Fünftel + _fünf Zehntel_ = _neun Zehntel_

(= vier Zehntel)

_____ + _____ = _____

_____ + _____ = _____

2 Erweitere einen Bruch so, dass du addieren kannst.

a) $\dfrac{5}{10} + \dfrac{2}{5} =$ _____ $\dfrac{5}{10} + \dfrac{4}{10} =$ _____ NR: $\dfrac{2 \cdot 2}{5 \cdot 2} = \dfrac{4}{10}$

b) $\dfrac{11}{12} + \dfrac{1}{2} =$ _____ NR: $\dfrac{\cdot}{\cdot} =$ _____

c) $\dfrac{7}{15} + \dfrac{1}{3} =$ _____ NR: $\dfrac{\cdot}{\cdot} =$ _____

d) $\dfrac{2}{3} + \dfrac{1}{6} =$ _____ NR: $\dfrac{\cdot}{\cdot} =$ _____

e) $\dfrac{1}{7} + \dfrac{2}{14} =$ _____ NR: $\dfrac{\cdot}{\cdot} =$ _____

f) $\dfrac{2}{12} + \dfrac{1}{6} =$ _____ NR: $\dfrac{\cdot}{\cdot} =$ _____

g) $\dfrac{7}{20} + \dfrac{3}{5} =$ _____ NR: $\dfrac{\cdot}{\cdot} =$ _____

h) $\dfrac{8}{24} + \dfrac{3}{8} =$ _____ NR: $\dfrac{\cdot}{\cdot} =$ _____

i) $\dfrac{4}{81} + \dfrac{2}{9} =$ _____ NR: $\dfrac{\cdot}{\cdot} =$ _____

j) $\dfrac{1}{12} + \dfrac{1}{24} =$ _____ NR: $\dfrac{\cdot}{\cdot} =$ _____

3 Wie viel bleibt übrig? Erweitere zuerst.

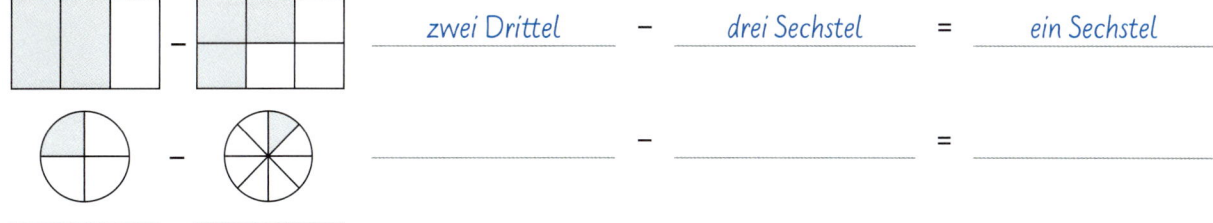

zwei Drittel – _drei Sechstel_ = _ein Sechstel_

_____ – _____ = _____

_____ – _____ = _____

4 Erweitere einen Bruch so, dass du subtrahieren kannst.

a) $\dfrac{5}{10} - \dfrac{2}{5} =$ $\dfrac{5}{10} - \dfrac{4}{10} =$ NR: $\dfrac{2 \cdot 2}{5 \cdot 2} = \dfrac{4}{10}$

b) $\dfrac{7}{8} - \dfrac{1}{4} =$ _____ NR: $\dfrac{\cdot}{\cdot} =$ ___

c) $\dfrac{9}{10} - \dfrac{3}{5} =$ _____ NR: $\dfrac{\cdot}{\cdot} =$ ___

d) $\dfrac{5}{6} - \dfrac{2}{3} =$ _____ NR: $\dfrac{\cdot}{\cdot} =$ ___

e) $\dfrac{7}{10} - \dfrac{1}{2} =$ _____ NR: $\dfrac{\cdot}{\cdot} =$ ___

f) $\dfrac{1}{3} - \dfrac{2}{9} =$ _____ NR: $\dfrac{\cdot}{\cdot} =$ ___

g) $\dfrac{15}{20} - \dfrac{3}{5} =$ _____ NR: $\dfrac{\cdot}{\cdot} =$ ___

h) $\dfrac{8}{25} - \dfrac{1}{5} =$ _____ NR: $\dfrac{\cdot}{\cdot} =$ ___

i) $\dfrac{15}{21} - \dfrac{2}{7} =$ _____ NR: $\dfrac{\cdot}{\cdot} =$ ___

j) $\dfrac{7}{12} - \dfrac{3}{24} =$ _____ NR: $\dfrac{\cdot}{\cdot} =$ ___

k) $\dfrac{9}{11} - \dfrac{2}{33} =$ _____ NR: $\dfrac{\cdot}{\cdot} =$ ___

5 Forme beide Brüche um und rechne. Wandle das Ergebnis anschließend um.

a) $\dfrac{3}{2} + \dfrac{6}{5}$ = _____ + _____ = _____   NR: $\dfrac{3 \cdot 5}{2 \cdot 5}$ = _____ $\dfrac{6 \cdot 2}{5 \cdot 2}$ = _____

b) $\dfrac{5}{3} - \dfrac{5}{8}$ = _____ − _____ = _____   NR: $\dfrac{\cdot}{\cdot}$ = _____ $\dfrac{\cdot}{\cdot}$ = _____

c) $\dfrac{7}{4} - \dfrac{2}{5}$ = _____ − _____ = _____   NR: $\dfrac{\cdot}{\cdot}$ = _____ $\dfrac{\cdot}{\cdot}$ = _____

d) $\dfrac{4}{3} + \dfrac{8}{7}$ = _____ + _____ = _____   NR: $\dfrac{\cdot}{\cdot}$ = _____ $\dfrac{\cdot}{\cdot}$ = _____

e) $\dfrac{7}{5} - \dfrac{1}{3}$ = _____ − _____ = _____   NR: $\dfrac{\cdot}{\cdot}$ = _____ $\dfrac{\cdot}{\cdot}$ = _____

f) $\dfrac{6}{7} + \dfrac{1}{2}$ = _____ + _____ = _____   NR: $\dfrac{\cdot}{\cdot}$ = _____ $\dfrac{\cdot}{\cdot}$ = _____

g) $\dfrac{3}{4} - \dfrac{2}{9}$ = _____ − _____ = _____   NR: $\dfrac{\cdot}{\cdot}$ = _____ $\dfrac{\cdot}{\cdot}$ = _____

h) $\dfrac{4}{3} + \dfrac{5}{7}$ = _____ + _____ = _____   NR: $\dfrac{\cdot}{\cdot}$ = _____ $\dfrac{\cdot}{\cdot}$ = _____

i) $\dfrac{4}{8} - \dfrac{1}{3}$ = _____ − _____ = _____   NR: $\dfrac{\cdot}{\cdot}$ = _____ $\dfrac{\cdot}{\cdot}$ = _____

j) $\dfrac{2}{12} + \dfrac{1}{5}$ = _____ + _____ = _____   NR: $\dfrac{\cdot}{\cdot}$ = _____ $\dfrac{\cdot}{\cdot}$ = _____

k) $\dfrac{7}{9} - \dfrac{3}{5}$ = _____ − _____ = _____   NR: $\dfrac{\cdot}{\cdot}$ = _____ $\dfrac{\cdot}{\cdot}$ = _____

l) $\dfrac{4}{5} + \dfrac{4}{7}$ = _____ + _____ = _____   NR: $\dfrac{\cdot}{\cdot}$ = _____ $\dfrac{\cdot}{\cdot}$ = _____

m) $\dfrac{4}{3} - \dfrac{5}{6}$ = _____ − _____ = _____   NR: $\dfrac{4 \cdot 6}{3 \cdot 6}$ = _____ $\dfrac{5 \cdot 3}{6 \cdot 3}$ = _____

> Das geht noch einfacher! Ich kann mit Sechsteln rechnen.

$\dfrac{4}{3} - \dfrac{5}{6}$ = _____ − _____ = _____   NR: $\dfrac{4 \cdot 2}{3 \cdot 2}$ = _____   _____ = _____

Das kann ich schon

1 Addiere die Brüche und wandle das Ergebnis um.

a) $\dfrac{2}{3} + \dfrac{5}{3} =$ _____ $=$ _____ b) $\dfrac{9}{3} + \dfrac{8}{3} =$ _____ $=$ _____ c) $\dfrac{4}{3} + \dfrac{5}{3} =$ _____ $=$ _____

d) $\dfrac{9}{5} + \dfrac{2}{5} =$ _____ $=$ _____ e) $\dfrac{8}{5} + \dfrac{12}{5} =$ _____ $=$ _____ f) $\dfrac{3}{5} + \dfrac{6}{5} =$ _____ $=$ _____

g) $\dfrac{3}{6} + \dfrac{5}{6} =$ _____ $=$ _____ h) $\dfrac{8}{9} + \dfrac{5}{9} =$ _____ $=$ _____ i) $\dfrac{11}{7} + \dfrac{3}{7} =$ _____ $=$ _____

2 Subtrahiere die Brüche und wandle das Ergebnis um.

a) $\dfrac{15}{3} - \dfrac{4}{3} =$ _____ $=$ _____ b) $\dfrac{17}{3} - \dfrac{8}{3} =$ _____ $=$ _____ c) $\dfrac{11}{3} - \dfrac{7}{3} =$ _____ $=$ _____

d) $\dfrac{12}{5} - \dfrac{7}{5} =$ _____ $=$ _____ e) $\dfrac{14}{5} - \dfrac{6}{5} =$ _____ $=$ _____ f) $\dfrac{22}{5} - \dfrac{9}{5} =$ _____ $=$ _____

g) $\dfrac{15}{6} - \dfrac{1}{6} =$ _____ $=$ _____ h) $\dfrac{13}{7} - \dfrac{5}{7} =$ _____ $=$ _____ i) $\dfrac{38}{9} - \dfrac{7}{9} =$ _____ $=$ _____

3 Addiere und subtrahiere. Wandle das Ergebnis um, falls möglich.

a) $\dfrac{4}{9} + \dfrac{7}{9} =$ _____ $=$ _____ b) $\dfrac{13}{4} - \dfrac{6}{4} =$ _____ $=$ _____ c) $\dfrac{14}{3} - \dfrac{8}{3} =$ _____ $=$ _____

d) $\dfrac{5}{9} + \dfrac{4}{3} =$ _____ $+$ _____ $=$ _____ NR: $\dfrac{\cdot}{\cdot} =$ _____

e) $\dfrac{13}{8} - \dfrac{5}{16} =$ _____ $-$ _____ $=$ _____ NR: $\dfrac{\cdot}{\cdot} =$ _____

f) $\dfrac{3}{2} + \dfrac{5}{7} =$ _____ $+$ _____ $=$ _____ NR: $\dfrac{\cdot}{\cdot} =$ _____ $\dfrac{\cdot}{\cdot} =$ _____

g) $\dfrac{7}{2} - \dfrac{1}{3} =$ _____ $-$ _____ $=$ _____ NR: $\dfrac{\cdot}{\cdot} =$ _____ $\dfrac{\cdot}{\cdot} =$ _____

h) $\dfrac{4}{9} + \dfrac{3}{7} =$ _____ $+$ _____ $=$ _____ NR: $\dfrac{\cdot}{\cdot} =$ _____ $\dfrac{\cdot}{\cdot} =$ _____

Start ins Thema: Brüche multiplizieren und dividieren

Brüche multiplizieren

Rechenkonferenz

Ich möchte heute 3-mal Kuchen essen. Ich esse beim ersten Mal ein Stück, beim zweiten Mal noch ein Stück und beim dritten Mal noch ein Stück.

Ich rechne einfach ein Achtel plus ein Achtel plus ein Achtel.

Ich rechne einfach 3-mal ein Achtel.

1 Kenan isst $\frac{1}{4}$ seiner Pizza.

Er sagt: „Davon könnte ich das Dreifache essen."

$3 \cdot \frac{1}{4}$ Wie viel ist das?

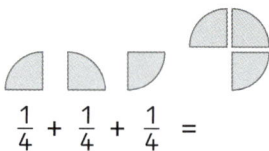

$\frac{1}{4} + \frac{1}{4} + \frac{1}{4} = $ _____

2 Schreibe die passenden Additions- und Multiplikationsaufgabe zu den Bildern.

a)   b)   c)   d)

$\frac{1}{4} + \frac{1}{4} + \frac{1}{4} = $ _____ _____ _____ _____

$3 \cdot \frac{1}{4} = $ _____ _____ _____ _____

Brüche dividieren

3 In den Ferien arbeitet Juri im Garten- und Landschaftsbau. Eine 10 m² große Terrasse soll mit Betonplatten gepflastert werden. Eine Platte ist $\frac{1}{4}$ m² groß.

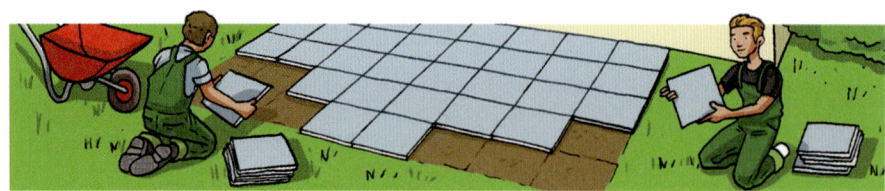

$10 : \frac{1}{4}$ Wie viele Platten werden benötigt? Kreuze an.   4 ☐   40 ☐   400 ☐

So gut kann ich die Aufgaben: ☺ 😐 ☹

So geht es: Multiplikation und Division von Brüchen

Multiplikation von Brüchen

3-mal $\frac{1}{6}$ 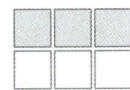 kann man als Additionsaufgabe $\frac{1}{6} + \frac{1}{6} + \frac{1}{6} = \frac{3}{6}$

und als Multiplikationsaufgabe $3 \cdot \frac{1}{6} = \frac{3}{6}$ schreiben.

Vergleiche: $6 \cdot \frac{1}{2} = 3$  $\frac{1}{2} \cdot 6 = \frac{1}{2}$ von $6 = 3$

Man multipliziert einen Bruch mit einer natürlichen Zahl, indem man die natürliche Zahl nur mit dem Zähler multipliziert. Der Nenner bleibt unverändert.

$\frac{4}{5} \cdot 3 = \frac{4 \cdot 3}{5} = \frac{12}{5} = 2\frac{2}{5}$ $3 \cdot \frac{4}{5} = \frac{3 \cdot 4}{5} = \frac{12}{5} = 2\frac{2}{5}$

Hier gilt das Kommutativgesetz!

3 ist gleich $\frac{3}{1}$.
Ich kann auch so schreiben:
$3 \cdot \frac{4}{5} = \frac{3}{1} \cdot \frac{4}{5} = \frac{3 \cdot 4}{1 \cdot 5}$

Zwei Brüche multipliziert man so:

$\frac{\text{Zähler} \cdot \text{Zähler}}{\text{Nenner} \cdot \text{Nenner}}$ $\frac{1}{2} \cdot \frac{4}{5} = \frac{1 \cdot \overset{2}{\cancel{4}}}{\cancel{2} \cdot 5} = \frac{2}{5}$

Die Hälfte von $\frac{4}{5}$ ist $\frac{2}{5}$.

Brüche dividieren

Teile fünf Ganze in Viertelstücke. Wie viele Stücke sind das?

Man dividiert durch einen Bruch, indem mit dem Kehrwert des Bruchs multipliziert wird.

$5 : \frac{1}{4} = 5 \cdot \frac{4}{1} = \frac{5 \cdot 4}{1} = \frac{20}{1} = 20$

Der **Kehrwert** wird gebildet, indem Zähler und Nenner vertauscht werden:

$\frac{1}{4} \longrightarrow \frac{4}{1}$

$\frac{4}{1}$ ist gleich 4. Ich kann also einfach sagen:
$5 : \frac{1}{4}$ ist gleich $5 \cdot 4$.

1 Sechs Liter Saft werden in $\frac{3}{4}$-Liter-Flaschen gefüllt. Wie viele Flaschen werden gebraucht?

Auf dem gemeinsamen Bruchstrich lasse ich die Einheiten weg.

Der Kehrwert von $\frac{3}{4}$ ist $\frac{4}{3}$.

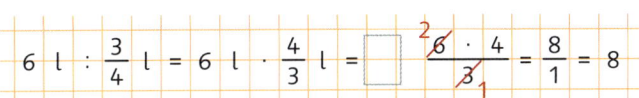

$6\,l : \frac{3}{4}\,l = 6\,l \cdot \frac{4}{3}\,l = \boxed{} = \frac{\overset{2}{\cancel{6}} \cdot 4}{\cancel{3}_1} = \frac{8}{1} = 8$

Antwort: Es werden _____ Flaschen gebraucht.

Multiplikation von Brüchen

1 Finde die passenden Aufgaben.

a) 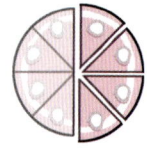 b) 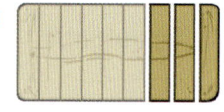 c)  d)

a) $\dfrac{1}{8} + \dfrac{1}{8} + \dfrac{1}{8} + \dfrac{1}{8} =$

$4 \cdot \dfrac{1}{8} =$

2 Was gehört zusammen? Markiere in der gleichen Farbe.

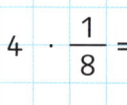 $\boxed{3 \cdot \dfrac{1}{8}}$  $\boxed{\dfrac{3}{8}}$  $\boxed{\text{drei Achtel}}$

$\boxed{\text{vier Achtel}}$ $\boxed{\dfrac{4}{8}}$ $\boxed{4 \cdot \dfrac{1}{8}}$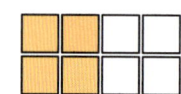

3 Schreibe als Additionsaufgabe. Berechne das Ergebnis und färbe es ein.

a) $6 \cdot \dfrac{1}{7} = \dfrac{1}{7} +$

b) $5 \cdot \dfrac{1}{9} =$

4 Schreibe die passende Additionsaufgabe. Kürze das Ergebnis und wandle es um.

Additionsaufgabe — Kürzen und umwandeln:

a) $6 \cdot \dfrac{4}{3} =$ _____ $= \underline{\quad}$ $\dfrac{\quad : \quad}{\quad : \quad} = \underline{\quad} =$

b) $3 \cdot \dfrac{4}{9} =$

5 Was gehört zusammen? Verbinde.

$3 \cdot \dfrac{1}{2}$ 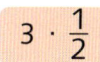 $4 \cdot \dfrac{1}{3}$ $\dfrac{1}{3} + \dfrac{1}{3} + \dfrac{1}{3} + \dfrac{1}{3}$ $7 \cdot \dfrac{1}{4}$

 $\dfrac{1}{4} + \dfrac{1}{4} + \dfrac{1}{4} + \dfrac{1}{4} + \dfrac{1}{4} + \dfrac{1}{4} + \dfrac{1}{4}$ $\dfrac{1}{2} + \dfrac{1}{2} + \dfrac{1}{2}$

6 Schreibe die passende Additionsaufgabe. Kürze das Ergebnis, wenn möglich.

a) $2 \cdot \dfrac{3}{8}$ = _____ = _____ NR: $\dfrac{\quad : \quad}{\quad : \quad}$ = _____

b) $2 \cdot \dfrac{2}{5}$ = _____ = _____ NR: $\dfrac{\quad : \quad}{\quad : \quad}$ = _____

c) $4 \cdot \dfrac{2}{10}$ = _____ = _____ NR: $\dfrac{\quad : \quad}{\quad : \quad}$ = _____

d) $3 \cdot \dfrac{3}{12}$ = _____ = _____ NR: $\dfrac{\quad : \quad}{\quad : \quad}$ = _____

e) $5 \cdot \dfrac{2}{11}$ = _____ = _____ NR: $\dfrac{\quad : \quad}{\quad : \quad}$ = _____

7 Forme die Aufgabe so um, dass die Multiplikationsaufgabe im Zähler steht.
Berechne das Ergebnis. Kürze das Ergebnis, wenn möglich.

	Umformen:		Kürzen

a) $2 \cdot \dfrac{3}{10}$ = $\dfrac{2 \cdot 3}{10}$ = $\dfrac{6}{10}$ = _____ NR: $\dfrac{6 : \quad}{10 : \quad}$ = _____

b) $3 \cdot \dfrac{4}{15}$ = _____ = _____ NR: $\dfrac{\quad : \quad}{\quad : \quad}$ = _____

c) $3 \cdot \dfrac{4}{16}$ = _____ = _____ NR: $\dfrac{\quad : \quad}{\quad : \quad}$ = _____

d) $4 \cdot \dfrac{3}{20}$ = _____ = _____ NR: $\dfrac{\quad : \quad}{\quad : \quad}$ = _____

e) $5 \cdot \dfrac{6}{100}$ = _____ = _____ NR: $\dfrac{\quad : \quad}{\quad : \quad}$ = _____

f) $4 \cdot \dfrac{8}{100}$ = _____ = _____ NR: $\dfrac{\quad : \quad}{\quad : \quad}$ = _____

g) $6 \cdot \dfrac{2}{14}$ = _____ = _____ NR: $\dfrac{\quad : \quad}{\quad : \quad}$ = _____

8 Forme die Aufgabe so um, dass die Multiplikationsaufgabe im Zähler steht.
Berechne das Ergebnis. Kürze das Ergebnis und wandle es um.

Umformen: Kürzen und umwandeln:

a) $6 \cdot \dfrac{4}{6} = \dfrac{6 \cdot 4}{6} = \dfrac{24}{6} =$ _____   NR: $\dfrac{24 \ :}{6 \ :} =$ _____ $=$ _____

b) $\dfrac{3}{4} \cdot 8 =$ _____ $=$ _____   NR: $\dfrac{\quad :}{\quad :} =$ _____ $=$ _____

c) $7 \cdot \dfrac{6}{9} =$ _____ $=$ _____   NR: $\dfrac{\quad :}{\quad :} =$ _____ $=$ _____

d) $\dfrac{9}{8} \cdot 4 =$ _____ $=$ _____   NR: $\dfrac{\quad :}{\quad :} =$ _____ $=$ _____

e) $5 \cdot \dfrac{7}{20} =$ _____ $=$ _____   NR: $\dfrac{\quad :}{\quad :} =$ _____ $=$ _____

f) $12 \cdot \dfrac{7}{4} =$ _____ $=$ _____   NR: $\dfrac{\quad :}{\quad :} =$ _____ $=$ _____

g) $15 \cdot \dfrac{2}{8} =$ _____ $=$ _____   NR: $\dfrac{\quad :}{\quad :} =$ _____ $=$ _____

h) $\dfrac{11}{3} \cdot 6 =$ _____ $=$ _____   NR: $\dfrac{\quad :}{\quad :} =$ _____ $=$ _____

i) $20 \cdot \dfrac{3}{5} =$ _____ $=$ _____   NR: $\dfrac{\quad :}{\quad :} =$ _____ $=$ _____

k) $\dfrac{7}{8} \cdot 8 =$ _____ $=$ _____   NR: $\dfrac{\quad :}{\quad :} =$ _____ $=$ _____

l) $25 \cdot \dfrac{4}{10} =$ _____ $=$ _____   NR: $\dfrac{\quad :}{\quad :} =$ _____ $=$ _____

m) $\dfrac{3}{15} \cdot 15 =$ _____ $=$ _____   NR: $\dfrac{\quad :}{\quad :} =$ _____ $=$ _____

n) $\dfrac{6}{9} \cdot 7 =$ _____ $=$ _____   NR: $\dfrac{\quad :}{\quad :} =$ _____ $=$ _____

o) $50 \cdot \dfrac{3}{20} =$ _____ $=$ _____   NR: $\dfrac{\quad :}{\quad :} =$ _____ $=$ _____

9 Zeichne und rechne.   a) 6 mal $\frac{1}{2}$ kg   b) $\frac{1}{2}$ von 6 kg

a) 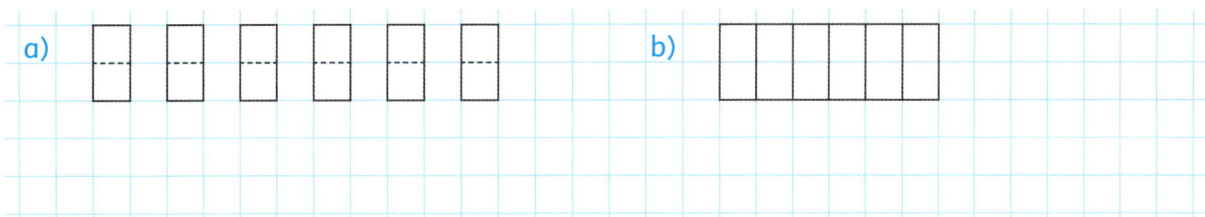 b)

10 Um bei einem Radrennen genügend Flüssigkeit zu sich zu nehmen, hat Juri sich vorgenommen, alle 15 Minuten $\frac{1}{5}$ Liter zu trinken.

a) Wie viele Liter sind das in einer Stunde?

Antwort: _____

b) Juri nimmt an, dass er die Strecke in $1\frac{3}{4}$ Stunden bewältigen wird. In eine Trinkflasche passen $\frac{3}{4}$ Liter. Genügt es, wenn er zwei Trinkflaschen mitnimmt?

Antwort: _____

11 Familie Yamir und Familie Friedrichs machen einen gemeinsamen Ausflug.
Familie Friedrichs ist mit drei Personen dabei, Familie Yamir fährt mit vier Personen.
Der gemeinsame Einkauf kostet 168 €. Bestimme die gerechte Aufteilung der Kosten.

Tipp: Du musst auf 7 Personen aufteilen

Division von Brüchen

1 Bilde jeweils den Kehrwert.

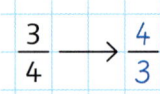 $\dfrac{3}{4} \longrightarrow \dfrac{4}{3}$ $\dfrac{5}{3}$ $\dfrac{4}{3}$ $\dfrac{1}{1}\ \dfrac{2}{5}$ $\dfrac{5}{8}$

2 Berechne.

a) $3 : \dfrac{1}{2} = 3 \cdot \dfrac{2}{1} = \dfrac{3 \cdot 2}{1} =$

b) $5 : \dfrac{1}{3} =$

c) $7 : \dfrac{2}{3} =$

d) $4 : \dfrac{3}{4} =$

3 Berechne. Kürze vor dem Multiplizieren soweit wie möglich.

a) $6 : \dfrac{3}{2} = 6 \cdot = =$

b) $8 : \dfrac{2}{3} =$

c) $4 : \dfrac{4}{3} = = =$

d) $9 : \dfrac{6}{8} =$

4 $\dfrac{3}{4}$ kg Mehl soll in drei gleich schwere Portionen geteilt werden.
Wie viel wiegt eine Portion?

Antwort: _____

_____

5 Berechne.

a) $\dfrac{2}{5} : \dfrac{3}{4} = \dfrac{2}{5} \cdot \dfrac{4}{3} = \dfrac{2 \cdot}{5 \cdot} = $ _____

b) $\dfrac{3}{8} : \dfrac{4}{9} =$

6 Dividiere die Brüche. Kürze wenn möglich.

Umformen: Kürzen:

a) $\dfrac{4}{10}$: 2 = $\dfrac{4}{10} : \dfrac{2}{1} = \dfrac{4 \cdot 1}{10 \cdot 2}$ = $\dfrac{4}{20}$ = _____   NR: $\dfrac{4 \ :}{20 \ :}$ = _____

b) $\dfrac{4}{7}$: 5 = _____   = _____   NR: $\dfrac{\ :\ }{\ :\ }$ = _____

c) $\dfrac{4}{16}$: 4 = _____   = _____   NR: $\dfrac{\ :\ }{\ :\ }$ = _____

d) $\dfrac{3}{20}$: 6 = _____   = _____   NR: $\dfrac{\ :\ }{\ :\ }$ = _____

e) $\dfrac{6}{7}$: 7 = _____   = _____   NR: $\dfrac{\ :\ }{\ :\ }$ = _____

f) $\dfrac{9}{11}$: 9 = _____   = _____   NR: $\dfrac{\ :\ }{\ :\ }$ = _____

g) $3\dfrac{5}{8}$: 3 = _____   = _____   NR: $\dfrac{\ :\ }{\ :\ }$ = _____

h) $\dfrac{2}{5}$: 8 = _____   = _____   NR: $\dfrac{\ :\ }{\ :\ }$ = _____

i) $8\dfrac{1}{3}$: 4 = _____   = _____   NR: $\dfrac{\ :\ }{\ :\ }$ = _____

j) $\dfrac{7}{12}$: 5 = _____   = _____   NR: $\dfrac{\ :\ }{\ :\ }$ = _____

k) $\dfrac{5}{9}$: 10 = _____   = _____   NR: $\dfrac{\ :\ }{\ :\ }$ = _____

l) $\dfrac{13}{9}$: 9 = _____   = _____   NR: $\dfrac{\ :\ }{\ :\ }$ = _____

m) $49\dfrac{9}{7}$: 7 = _____   = _____ $49\dfrac{9}{7}$ muss ich zuerst in einen Bruch umwandeln.

n) $16\dfrac{8}{15}$: 4 = _____   = _____   NR: $\dfrac{\ :\ }{\ :\ }$ = _____

o) $36\dfrac{2}{7}$: 6 = _____   = _____   NR: $\dfrac{\ :\ }{\ :\ }$ = _____

p) $9\dfrac{18}{5}$: 3 = _____   = _____   NR: $\dfrac{\ :\ }{\ :\ }$ = _____

7 Für eine Party sollen zwei Liter Götterspeise in kleine Schalen gefüllt werden.

a) In eine Schale passt $\frac{1}{8}$ Liter. Wie viele Schalen werden benötigt?

Antwort: _____

b) Noah schlägt vor: „Wenn wir Schalen nehmen, in die doppelt so viel hineingeht, dann brauchen wir nur halb so viele Schalen."
Kontrolliere seine Behauptung mit einer Rechnung.

Antwort: _____

8 Eine halbe Pizza wird auf drei Personen gerecht verteilt.
Wie groß ist der Anteil, den jeder bekommt?

Antwort: _____

9 $7\frac{1}{2}$ kg Rasendünger sollen auf fünf gleich große Rasenflächen verteilt werden.
Wie viel Dünger erhält jede Fläche?

Antwort: _____

10 Eine $3\frac{1}{4}$ m lange Leiste wird in $\frac{1}{4}$ m lange Teilstücke zersägt.
Wie viele Teilstücke entstehen?

Antwort: _____

Das kann ich schon

1 Forme die Aufgabe so um, dass die Multiplikationsaufgabe im Zähler steht.
Berechne das Ergebnis. Kürze das Ergebnis und wandle es um.

Umformen: Kürzen und umwandeln:

a) $7 \cdot \dfrac{2}{8} =$ _____ $=$ _____   NR: $\dfrac{\quad : \quad}{\quad : \quad} =$ _____ $=$ _____

b) $\dfrac{6}{10} \cdot 8 =$ _____ $=$ _____   NR: $\dfrac{\quad : \quad}{\quad : \quad} =$ _____ $=$ _____

 c) $5 \cdot \dfrac{7}{9} =$ _____ $=$ _____   NR: $\dfrac{\quad : \quad}{\quad : \quad} =$ _____ $=$ _____

2 Im Pausenverkauf wurden 12 Gläser Milch zu je $\frac{1}{5}$ l, 25 Wasserflaschen zu je $\frac{1}{2}$ l und 16 Trinkpäckchen zu je $\frac{1}{4}$ l verkauft. Wie viele Liter an Getränken wurden insgesamt verkauft?

3 Dividiere die Brüche. Kürze wenn möglich.

a) $\dfrac{4}{7} : 3 =$ _____ $=$ _____   NR: $\dfrac{\quad : \quad}{\quad : \quad} =$ _____

b) $\dfrac{4}{16} : 8 =$ _____ $=$ _____   NR: $\dfrac{\quad : \quad}{\quad : \quad} =$ _____

 c) $\dfrac{3}{20} : 9 =$ _____ $=$ _____   NR: $\dfrac{\quad : \quad}{\quad : \quad} =$ _____

4 Beim Kuchenbacken soll ein $2\frac{1}{4}$ kg schwerer Teig in drei gleich schwere Teile geteilt werden. Wie schwer ist jeder Teil?

Start ins Thema: Dezimalzahlen

Dezimalzahlen in der Umwelt

Im Alltag begegnen uns immer wieder Dezimalzahlen.

  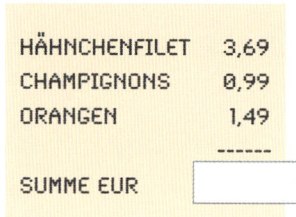 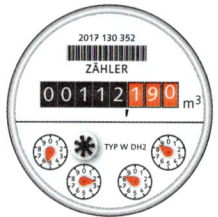

HÄHNCHENFILET	3,69
CHAMPIGNONS	0,99
ORANGEN	1,49

SUMME EUR	

1 Finde weitere Beispiele für Dezimalzahlen in deiner Umwelt. Klebe sie hier auf. Du kannst auch aufmalen und aufschreiben.

Dezimalzahlen in der Stellenwerttafel

2 Schreibe die Dezimalzahlen auf.

:10↓ :10↓ :10↓ :10↓ :10↓
·10↙ ·10↙ ·10↙ ·10↙ ·10↙

H 100	Z 10	E 1	z $\frac{1}{10}$	h $\frac{1}{100}$	t $\frac{1}{1000}$	
		1	6			1,6
	2	5	3	7	9	
		0	5	8		
		1	0	2	1	
6	0	3	4	0	3	

Ein Zehntel ist 10-mal größer als ein Hundertstel, oder?

So gut kann ich die Aufgaben: 😊 😐 ☹

So geht es: Darstellen, Vergleichen und Runden von Dezimalzahlen, Brüche und Dezimalzahlen

Brüche mit den Nennern 10, 100 und 1 000 kann man leicht
als Dezimalzahl schreiben.

$\frac{1}{10} = 0{,}1 \qquad \frac{1}{100} = 0{,}01 \qquad \frac{1}{1000} = 0{,}001$

Vergleichen von Dezimalzahlen

Dezimalzahlen werden der Größe nach verglichen,
indem man ihre Ziffern stellenweise
von links nach rechts miteinander vergleicht.

8,23**7**
8,2**5**4
8,23**7** < 8,2**5**4

Runden von Dezimalzahlen

Dezimalzahlen werden nach der gleichen Rundungsregel
wie natürliche Zahlen gerundet.
Bei 0, 1, 2, 3 oder 4 runde ich ab.   Bei 5, 6, 7, 8 oder 9 runde ich auf.

Dezimalzahlen und Brüche

Anna rechnet $\frac{1}{5}$ l in eine Dezimalzahl so um:

$$\frac{1}{5}\,l = \frac{1 \cdot 2}{5 \cdot 2} = \frac{2}{10} = 0{,}2\ l$$

Warum ist es sinnvoll,
den Bruch zu erweitern?

Brüche mit den Nennern 10, 100, 1 000, ... kann man sofort als Dezimalzahl schreiben.
Andere Brüche werden zuerst auf Zehntel, Hundertstel, Tausendstel, ... erweitert
oder gekürzt, bevor sie als Dezimalzahl geschrieben werden können.

Ich kann Brüche auch mit dem
Taschenrechner in Dezimalzahlen
umwandeln.

$\frac{2}{5}$ bedeutet auch:
2 geteilt durch 5. Das kann ich
in den Taschenrechner eintippen.

Dezimalzahlen in der Stellenwerttafel

1 Trage erst in die Stellenwerttafel ein. Schreibe dann als Dezimalzahl. Lies laut vor.

H	Z	E	z	h	t

a) 6H 3Z 4E 9z 2h 8t   _____

b) 8E 9z 2h   _____

c) 3Z 7z 4t   _____

d) 6h 5t   _____

e) 7H 7h   _____

f) 7E 5h 3t   _____

g) 8E 1h 6t   _____

h) 9E 5t   _____

i) 5E 8t   _____

2 Trage zuerst die Dezimalzahlen in die Stellenwerttafel ein.
Schreibe dann in der ersten Spalte die einzelnen Stellenwerte auf.

H	Z	E	z	h	t

a) _____   564,321

b) _____   6,405

c) _____   906,04

d) _____   35,008

e) _____   0,506

f) _____   111,001

g) _____   400,004

h) _____   5,24

i) _____   0,038

3 Denke dir selbst Zahlen aus. Lass von einem Partner die Tabelle vervollständigen.

H	Z	E	z	h	t

a) _____   _____

b) _____   _____

c) _____   _____

d) _____   _____

e) _____   _____

f) _____   _____

g) _____   _____

h) _____   _____

Dezimalzahlen am Zahlenstrahl

1 Stelle die durch die Großbuchstaben markierten Zahlen als Dezimalzahlen dar.

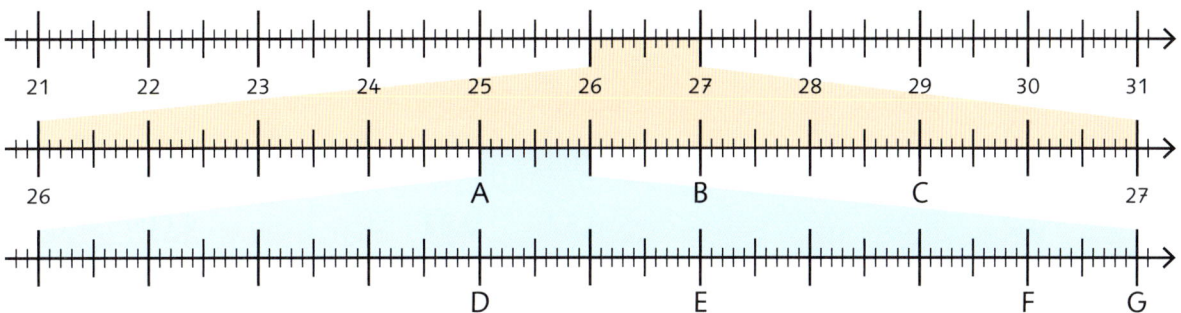

A = _____   C = _____   E = _____   G = _____

B = _____   D = _____   F = _____

2 Markiere die angegebenen Zahlen auf den Zahlenstrahlen.

a) 3,05   b) 3,08   c) 3,11   d) 3,15
e) 3,17   f) 3,19   g) 3,20   h) 3,025

i) 12,051   k) 12,053   l) 12,055   m) 12,056
n) 12,0585   o) 12,059   p) 12,050   r) 12,0575

3 Zeichne einen passenden Zahlenstrahlausschnitt und markiere folgende

Dezimalzahlen: 5,3   5,6   5,45   5,52   5,37   5,25

Vergleichen, Ordnen und Runden von Dezimalzahlen

1 Vergleiche. Setze die richtigen Zeichen ein: >, < oder =.

a)
2 ☐ 0,2

5 ☐ 5,00

3,6 ☐ 3,06

8,2 ☐ 8,25

b)
0,7 ☐ 0,4

6,006 ☐ 6,600

15,08 ☐ 15,09

0,32 ☐ 0,23

c)
7,30 ☐ 7,3

0,6 ☐ 0,4

19,3 ☐ 19,33

9,009 ☐ 9,09

2 Umkreise alle Zahlen rot, die größer als 0,55 sind.

$\frac{9}{13}$ 　0,501 　$\frac{55}{100}$ 　$\frac{9}{10}$ 　0,6 　0,49 　$\frac{1}{5}$

0,59 　0,09 　0,4

$\frac{2}{63}$ 　0,005 　0,509 　$\frac{2}{5}$ 　$\frac{555}{1000}$ 　$\frac{13}{25}$

3 Vergleiche die Dezimalzahlen. Markiere jeweils die Stelle rot, an der du erkennst, welche Zahl größer ist.

a)
0,05 ☐ 0,03

4,6 ☐ 6,4

0,044 ☐ 0,014

b)
0,79 ☐ 0,80

8,615 ☐ 8,625

2,31 ☐ 2,51

c)
5,234 ☐ 5,432

7,966 ☐ 5,966

3,003 ☐ 3,03

4 Ordne der Größe nach. Beginne mit der größten Zahl.

| 8,073 | 7,203 | 3,221 | 4,722 | 6,093 | 3,630 |

5 Runde auf die angegebene Stelle.

	Zehner	Einer	Zehntel	Hundertstel
264,234				
4 271,581				
300,643				
9 673,008				
4,789				

Dezimalzahlen und Brüche

1 Wandle die Brüche in Dezimalzahlen um.

a) $\dfrac{6}{10}$ = _____ b) $\dfrac{9}{10}$ = _____ c) $\dfrac{35}{10}$ = _____

d) $\dfrac{5}{100}$ = _____ e) $\dfrac{48}{100}$ = _____ f) $\dfrac{123}{100}$ = _____

g) $\dfrac{1}{1000}$ = _____ h) $\dfrac{65}{1000}$ = _____ i) $\dfrac{171}{1000}$ = _____

2 Rechne die Brüche in Dezimalzahlen um.

a) $\dfrac{4}{5}$ = _____ b) $\dfrac{1}{2}$ = _____

c) $\dfrac{3}{50}$ = _____ d) $\dfrac{9}{25}$ = _____

e) $\dfrac{66}{200}$ = _____ f) $\dfrac{84}{400}$ = _____

g) $\dfrac{4}{250}$ = _____ h) $\dfrac{23}{20}$ = _____

i) $\dfrac{14}{2}$ = _____ k) $\dfrac{3}{4}$ = _____

l) $\dfrac{3}{20}$ = _____ m) $\dfrac{8}{4000}$ = _____

n) $\dfrac{200}{250}$ = _____ o) $\dfrac{8}{5}$ = _____

3 Wandle die Dezimalzahlen in Brüche um.

a) 0,6 = _____   0,3 = _____   0,9 = _____

b) 0,26 = _____   0,45 = _____   0,81 = _____

c) 0,123 = _____   0,456 = _____   0,279 = _____

d) 0,08 = _____   0,05 = _____   0,07 = _____

e) 0,502 = _____   0,701 = _____   0,804 = _____

f) 0,55 = _____   0,052 = _____   0,207 = _____

So geht es: Rechnen mit Dezimalzahlen

Dezimalzahlen addieren und subtrahieren

> Beim Addieren und Subtrahieren müssen auch Dezimalzahlen stellengerecht untereinandergeschrieben werden.

Ich schreibe Komma unter Komma.

Für 5 kann ich auch 5,00 schreiben.

Dezimalzahlen mit natürlichen Zahlen multiplizieren

Greta, Dana und Ina treffen sich im Café.
Jedes Mädchen bestellt sich eine
Apfelschorle zu je 1,80 €.
Wie viel müssen sie bezahlen?

> Aufgabe: 1,80 € · 3 = [   ]
> 1. Multipliziere zuerst ohne Komma.
> 2. Zähle die Stellen nach dem Komma in der Aufgabe.
>   Das Ergebnis hat genauso viele Stellen nach dem Komma.
>   Setze das Komma im Ergebnis. Überschlage, ob das Ergebnis stimmen kann.

$$1,80 \cdot 3$$
$$5,40$$

Dezimalzahlen durch natürliche Zahlen dividieren

Ben, Paul und Ole sitzen im Bistro und
haben drei Hamburger und drei Getränke
bestellt. Sie müssen 10,17 € bezahlen.
Wie viel muss jeder bezahlen?

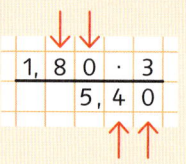

> Aufgabe: 10,17 € : 3 = [   ]
> 1. Dividiere schriftlich wie bei den natürlichen Zahlen.
> 2. Setze beim Überschreiten des Kommas auch
>   im Ergebnis ein Komma.

$$10,17 : 3 = 3,39$$
$$\underline{9}$$
$$1\,1$$
$$\underline{9}$$
$$2\,7$$
$$\underline{2\,7}$$
$$0$$

> Beim Multiplizieren mit 10 (100, 1000 …)
> verschiebt sich das Komma
> um eine (zwei, drei …) Stelle(n) nach rechts.

H	Z	E	z	h	t
		0	5	3	4
		5	3	4	
	5	3	4		

· 10
· 100

> Beim Dividieren durch 10 (100, 1000 …)
> verschiebt sich das Komma
> um eine (zwei, drei …) Stelle(n) nach links.

H	Z	E	z	h	t
8	6	7			
	8	5	7		
		8	6	7	

: 10
: 100

Addition und Subtraktion von Dezimalzahlen

1 Addiere und subtrahiere im Kopf.

a)

5, 4 + 2, 2 =		2, 4 + 6, 3 =		1 3, 4 + 1 3, 4 =
4, 3 + 3, 5 =		2, 4 + 7, 8 =		4 2, 6 + 3 2, 3 =
7, 6 + 2, 3 =		8, 9 + 4, 5 =		6 1, 8 + 2 7, 1 =

b)

8, 6 − 3, 4 =		6, 4 − 3, 6 =		1 7, 6 − 4, 2 =
6, 3 − 5, 2 =		8, 2 − 4, 9 =		2 4, 7 − 6, 5 =
5, 8 − 3, 6 =		9, 5 − 5, 8 =		3 9, 3 − 2, 7 =

2 Schreibe stellengerecht untereinander und rechne schriftlich.

a) 68,2 + 27,5   b) 9,73 + 0,86   c) 17,43 + 14,83   d) 6,835 + 9,91

e) 6,72 − 3,66   f) 0,453 − 0,053   g) 8,5 − 3,642   h) 1,804 − 0,08

i) 3,691 + 6,74   j) 286,41 − 89,3   k) 66,66 + 6,666   l) 821,04 − 64,321

m) 13,1 + 7,004 + 0,6   n) 0,8 + 2,55 + 0,30   o) 7 + 4,71 + 2,063   p) 1,005 + 2,51 + 0,9

3 Wie hoch ist diese Rechnung?

Pos.-Nr.	Artikel-Nr. Bezeichnung Preiskonditionen	Menge	ME	Einzelpreis	Gesamtwert in EUR
10	Auftrag 1117056129 vom 19.04.2017 Lieferschein vom 27.05.2017 6819999991 Diverse MHZ-Markisen $ Tuch mit Volant 06-9002/001 Fb. 1-8110 Lumera Br. 3,86m Ausfall 2,80m Volant Form 14 8m Keder 6mm 08-8016 Flauschband angenäht 4mm 08-1794A	1,000	ST	514,80	514,80
20	90909850 Montage einer Spannmarkise	1,000	LE	237,80	237,80
30	90900726 Aufmaß Dekorateure kostenlos	1,000	LE		0,00
40	90000351 Anfahrt Dekoratuer bis 15km	1,000	LE	15,00	15,00
				SUMME	

4 Ergänze die fehlenden Ziffern. Überprüfe dein Ergebnis mit einem Überschlag im Kopf.

a)
```
    2 6, 7 1
  + 3 2, 1 8
  ──────────
        8,
```
b)

c)
```
    2, 8 9 3
  + 6, 3 0 4
  ──────────
      ,     7
```
d)
```
    5, 4 6 1
  - 0, 0 1 9
  ──────────
      ,   4
```

e)
```
    1, 3 5 2
  + 3, 0 3
  ──────────
    4,      3
```
f)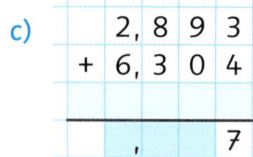

g)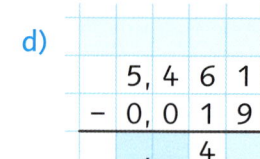

h)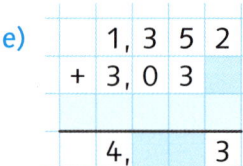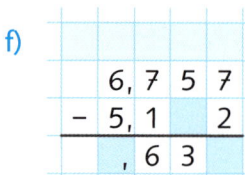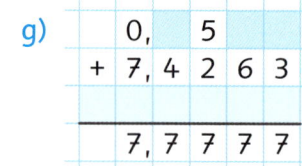

5 Schreibe die Rechnung auf und rechne die Aufgaben aus.

a) Addiere 3,8 und 5,7. _____

b) Bilde die Differenz aus 18,6 und 12,4. _____

c) Addiere zu 8,4 die Differenz aus 3,6 und 2,5. _____

d) Subtrahiere von 9,7 die Summe aus 2,4 und 6. _____

Multiplikation von Dezimalzahlen

1 Multipliziere schriftlich. Kontrolliere mit dem Taschenrechner.

   a) 2,54 · 4   b) 1,87 · 3   c) 16,534 · 9   d) 27,48 · 5

   e) 3,87 · 6   f) 6,52 · 7   g) 25,345 · 8   h) 59,31 · 5

   i) 7,39 · 2   j) 2,48 · 8   k) 73,135 · 5   l) 52,91 · 4

2 Multipliziere schriftlich.

   a) 3,51 · 18   b) 19,53 · 25   c) 289,9 · 55   d) 531,06 · 32

   e) 7,14 · 27   f) 36,35 · 37   g) 573,7 · 48   h) 831,08 · 23

   i) 15,69 · 14   j) 73,03 · 52   k) 321,9 · 66   l) 715,08 · 71

3 Rechne schriftlich und fülle die Multiplikationstabellen aus.

a)

·	2	5	7	9
2,45				
8,75				
37,136				

b)

·	13	26	48	34
28,10				
0,675				
0,069				

4 Multipliziere schriftlich.

a) 37,46 · 6   b) 684,359 · 4   c) 27,057 · 7

d) 64,28 · 15   e) 5,841 · 38   f) 0,8743 · 43

🔑 37,5949   49,7680   189,399   221,958   224,76   964,20   2737,436

5 Rechne im Kopf und fülle die Multiplikationstabellen aus.

a)

·	10	100	1 000	10 000
2,45				
7,1368				

b)

·	10	100	1 000	10 000
36,10				
0,0067				

6 Dana soll einkaufen gehen. Ihr Vater hat ihr einen Einkaufszettel geschrieben.

200 g Schokolade
3 l Frischmilch
0,5 kg Mischbrot
400 g Fischfilet

Preise im Supermarkt

Edamer (100 g):	0,89 €	Fischfilet (200 g):	1,78 €
Frischmilch (1 l):	0,79 €	Mischbrot (0,5 kg):	0,78 €
Kartoffeln (1 kg):	0,65 €	Schokolade (100 g):	0,99 €

a) Überschlage, wie viel der Einkauf kosten wird. _____

b) Wie viel Geld muss Danas Vater ihr geben, wenn er ihr nur Scheine mitgeben will?

_____

c) Berechne genau, wie viel der Einkauf kostet.

Antwort: _____

_____

d) Wie viel Geld gibt Dana ihrem Vater zurück?

Antwort: _____

_____

7 Frau Richter füllt an einer Tankstelle 31 Liter Benzin nach. Wie viel muss sie bezahlen, wenn 1 Liter Benzin 1,72 € kostet?

Antwort: _____

_____

8 Multipliziere zeilen- und spaltenweise im Kopf.

2	0,5	
0,1	6	

0,6	5	
10	0,1	

0,2	4	
3	0,5	

9	0,1	
0,3	2	

9 Dana sammelt von 12 Schülerinnen und Schülern das Geld für einen Tagesausflug ein. Die Fahrtkosten betragen für jeden 7,25 € und der Eintritt ins Museum kostet pro Person 2,50 €.

Frage: _____

_____

Antwort: _____

_____

10 Wähle immer eine Zahl aus dem rechten und eine aus dem linken Feld aus. Multipliziere sie im Kopf miteinander. Notiere die Aufgaben und die Ergebnisse.

0,25	0,04	3		0,3
4		2,5	0,4	25
30	40		250	

20	0,2	2		12
0,12		45	0,45	1,2
4,5	450		120	

a) _____ · _____ = _____   b) _____ · _____ = _____

c) _____ · _____ = _____   d) _____ · _____ = _____

e) _____ · _____ = _____   f) _____ · _____ = _____

g) _____ · _____ = _____   h) _____ · _____ = _____

Dezimalzahlen durch natürliche Zahlen dividieren

1 Rechne schriftlich. Kontrolliere mit dem Taschenrechner.

a) 9 4, 2 4 : 4 =

b) 7 4 0, 4 : 6 =

c) 6 5, 2 5 : 3 =

d) 7 9 3, 8 : 7 =

e) 6 3 6, 7 5 : 5 =

f) 8 4 7, 3 4 : 2 =

g) 9 3, 8 6 8 : 4 =

h) 2 7 3, 7 2 : 6 =

2 Ergänze die Divisionstabellen.

a)

:	2	3	4	7
0,84				
8,4				

b)

:	3	4	6	9
21,6				
2,16				

a)

b)

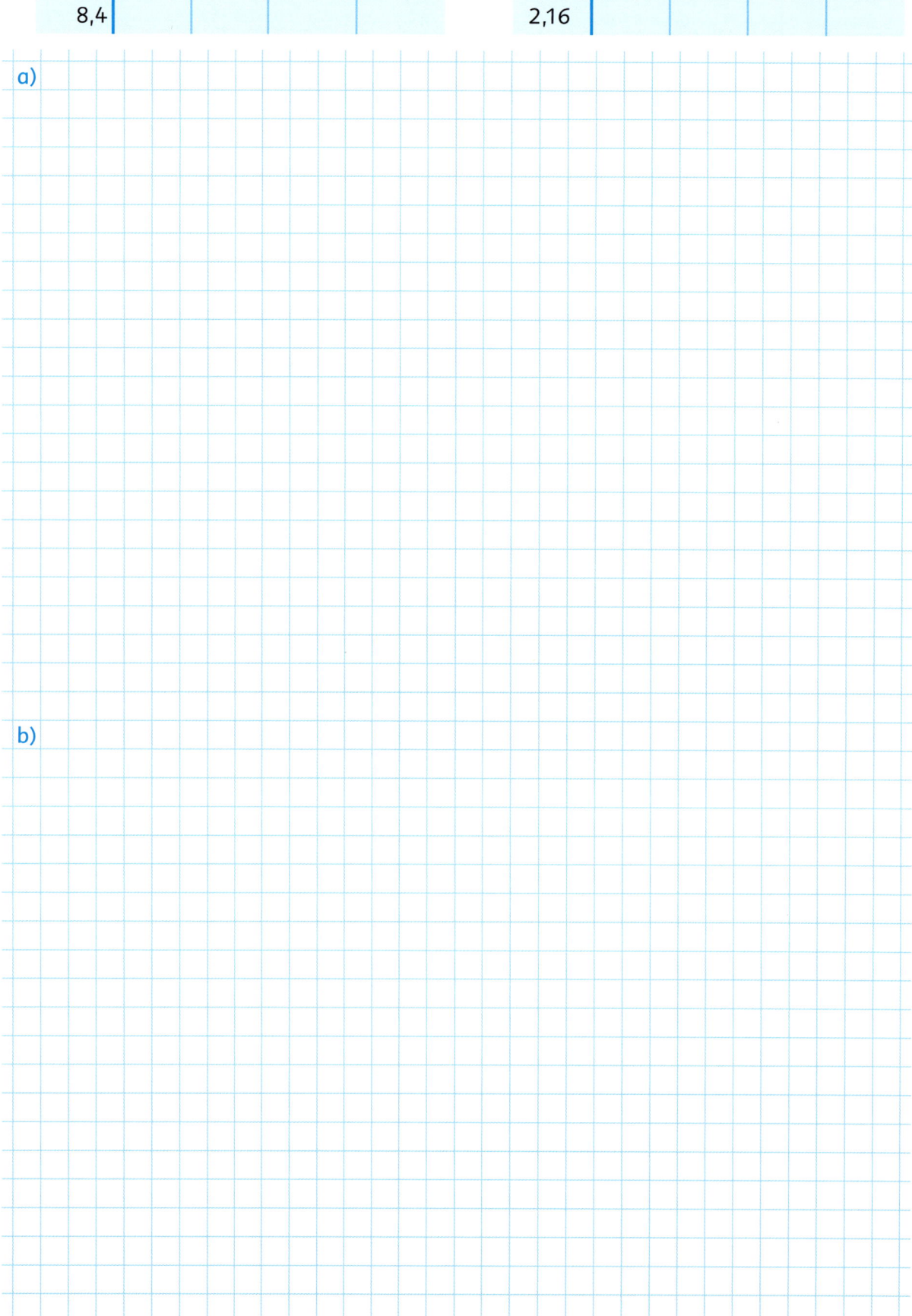

Multiplikation und Division mit Vielfachen von 10

1 Rechne im Kopf und fülle die Multiplikations- und die Divisionstabelle aus.

a)

·	10	100	1000	10000
3,3				
0,06				
8,04				
0,00045				
0,5				
36,0				
0,12				
0,0098				

b)

:	10	100	1000
20,00			
350,8			
80000,0			
70			
40324			
0,87			
50,01			
5604,7			

2 Fülle die Rechenmauern aus.

a)
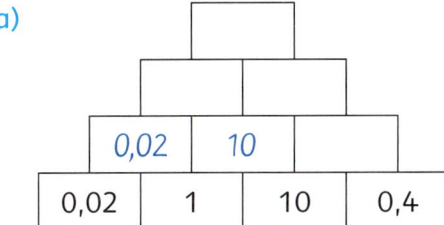

b)
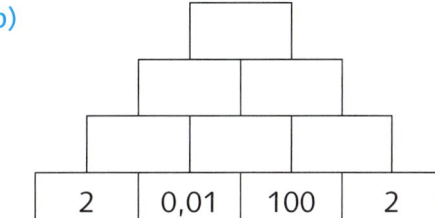

c)
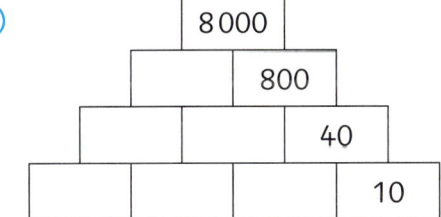

d)
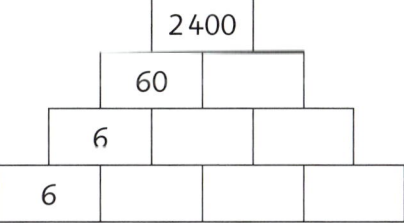

3 Schreibe die passenden Aufgaben auf.

a) Mit welcher Zahl muss man 5,4872 multiplizieren, um 5487,2 zu erhalten?

b) Durch welche Zahl muss man 8634 dividieren, um 0,08634 zu erhalten?

c) Eine Zahl wird mit 10000 multipliziert. Du erhältst 6,04.

d) Welche Zahl ergibt bei Division durch 1000 die Zahl 0,45?

Schätzen und Überprüfen

1 Welches Ergebnis ist richtig? Verbinde. Kontrolliere mit dem Taschenrechner.

a)

18,76 · 125 =		2,345	_____
16,88 + 6,57 =		23,45	_____
8,463 – 6,118 =		234,5	_____
1313,2 : 5,6 =		2345	_____

b)

4,766 · 2 =		9532	_____
8968,7 + 563,3 =		9,532	_____
1018,5 – 65,3 =		95,32	_____
1334,48 : 14 =		953,2	_____

2 Die Bäderbahn „Molli" verbindet Bad Doberan mit Heiligendamm und dem Ostseebad Kühlungsborn. Diese Strecke ist 15,4 km lang. Die Fahrzeit beträgt etwa 40 Minuten. Wie weit fährt die „Molli" ungefähr in einer Minute?

a) Welches Ergebnis ist richtig? Kreuze an.

☐ 3,85 km

☐ 0,385 km

☐ 38,5 km

☐ 385 km

b) Rechne genau.

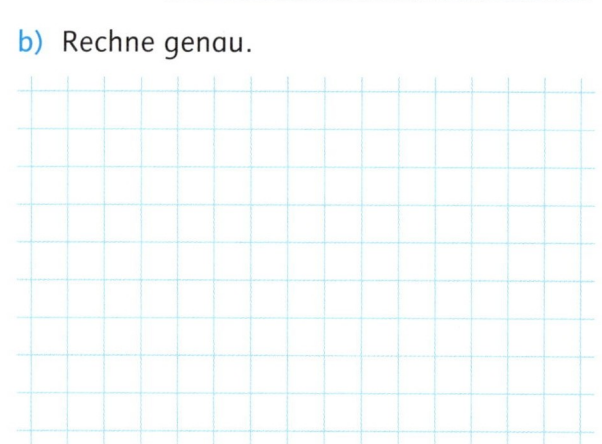

3 Finde die richtigen Ergebnisse. Nutze den Taschenrechner.

a) 25,6 · 2,45 + 347,076

b) 123,4 + 47,25 : 5

c) 324,56 – 54,1 + 77,32 · 4

| 409,796 | 354,263 |
| 579,74 | 132,85 |

Tipp: Denke daran: Punktrechnung kommt vor Strichrechnung.

Multiplikation und Division in Sachaufgaben

Nutze den Taschenrechner! Schreibe auf, wie du rechnest.

1 Frau Kurtz bekommt ihre Telefonrechnung für den Monat September.
Zu der Grundgebühr von 16 €
kommen noch 124 Gesprächsein-
heiten zu 0,059 € hinzu. Für die
Internet-Flatrate bezahlt sie
19,99 €.

Wie hoch ist die Telefonrechnung?

Antwort: _____

2 Dana fährt mit ihrem Fahrrad in
einer Stunde durchschnittlich
21,75 km. Ihr Ziel ist 94 km
entfernt. Nach zwei Stunden und
20 Minuten macht sie eine Pause.

Welche Strecke muss sie danach
noch fahren?

Antwort: _____

3 In der Ernst-Reuter-Schule werden an
25 Heizkörpern die Thermostate erneuert.
Ein Thermostat kostet 22,50 €.
Die Arbeiten wurden in 8,5 Stunden
von einem Monteur und einem Azubi aus-
geführt. Eine Monteurstunde
kostet 30,50 € und eine Auszubilden-
denstunde 17,50 €.

Wie hoch ist die Rechnung?

Antwort: _____

Das kann ich schon

1 Rechne im Kopf.

a)	2, 3 + 4, 6 =	b)	2, 0 5 · 6 =	c)	6, 3 8 ·	1 0 =
	5, 7 − 3, 3 =		4, 1 3 · 3 =		5 7, 4 :	1 0 =
	8, 8 − 6, 5 =		2 4, 8 : 4 =		8, 5 3 · 1 0 0 =
	4, 6 + 4, 2 =		1 8, 5 : 5 =		2, 8 2 : 1 0 0 =

2 Rechne schriftlich.

a) 49,1 + 46,7 b) 7,68 − 0,42 c) 57,43 + 29,05 d) 6,835 − 3,82

e) 8,24 · 8 f) 26,47 · 25 g) 341,9 · 55 h) 62,98 · 32

i) 3 8 5, 2 6 : 6 = k) 5 7 0, 0 1 : 7 =

3 Juri kauft gern sein Pausenbrot beim Hausmeister. Von seinen Eltern erhält er dafür 6,50 € für eine Woche.

Wie viel Geld kann er durchschnittlich für jeden Schultag ausgeben?

Antwort: durchschnittlich _____ € pro Tag

Auf einen Blick:

Brüche und Dezimalzahlen

Brüche

Brüche und gemischte Zahlen

Der **Zähler** zählt die Bruchteile: 3 Teile

$\dfrac{3}{4}$ drei Viertel

Der **Nenner** nennt alle Teile des Ganzen: 4 Teile

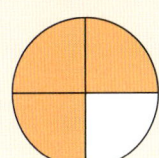

Ist ein Bruch größer als ein Ganzes, kann er als **gemischte Zahl** geschrieben werden.

$\dfrac{9}{4} = 2\dfrac{1}{4}$ „zwei ein Viertel"

Brüche addieren und subtrahieren

1. Brüche gleichnamig machen
2. Zähler addieren oder subtrahieren, der gemeinsame Nenner bleibt
3. Ergebnis soweit wie möglich kürzen
4. wenn möglich, Ergebnis in eine natürliche Zahl oder in eine gemischte Zahl umwandeln

Ich erweitere den **linken** Bruch mit dem Nenner des **rechten** Bruchs:

$$\dfrac{1}{3} + \dfrac{1}{5}$$

$$\dfrac{5}{15} \cdot \dfrac{3}{15}$$

$$\dfrac{1 \cdot 5}{3 \cdot 5} = \dfrac{5}{15}$$

$$\dfrac{5}{15} + \dfrac{3}{15} = \dfrac{8}{15}$$

Ich erweitere den **rechten** Bruch mit dem Nenner des **linken** Bruchs:

$$\dfrac{1 \cdot 3}{5 \cdot 3} = \dfrac{3}{15}$$

Brüche multiplizieren

Man multipliziert einen Bruch mit einer natürlichen Zahl, indem man die natürliche Zahl nur mit dem Zähler multipliziert.

$$\dfrac{3}{4} \cdot 3 = \dfrac{3 \cdot 3}{4} = \dfrac{9}{4} = 2\dfrac{1}{4}$$

$$3 \cdot \dfrac{3}{4} = \dfrac{3 \cdot 3}{4} = \dfrac{9}{4} = 2\dfrac{1}{4}$$

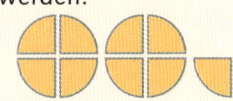

Zwei Brüche multipliziert man so:

$$\dfrac{\text{Zähler} \cdot \text{Zähler}}{\text{Nenner} \cdot \text{Nenner}} \qquad \dfrac{1}{2} \cdot \dfrac{4}{5} = \dfrac{1 \cdot 4}{2 \cdot 5} = \dfrac{2}{5}$$

Brüche dividieren

Man dividiert durch einen Bruch, indem mit dem Kehrwert des Bruchs multipliziert wird.

Beispiel: Teile fünf Ganze in Viertelstücke. Wie viele Stücke sind das?

$$5 : \dfrac{1}{4} = 5 \cdot \dfrac{4}{1} = \dfrac{5 \cdot 4}{1} = \dfrac{20}{1} = 20$$

Der Kehrwert wird gebildet, indem Zähler und Nenner vertauscht werden:

$$\dfrac{1}{4} \longrightarrow \dfrac{4}{1}$$

Dezimalzahlen

Dezimalzahlen multiplizieren

1. Multipliziere zuerst ohne Komma.
2. Zähle die Stellen nach dem Komma in der Aufgabe. Das Ergebnis hat genauso viele Stellen nach dem Komma. Setze das Komma im Ergebnis.

$$\begin{array}{cccc} 1, & 8 \; 0 & \cdot & 3 \\ & 5, & 4 \; 0 & \end{array}$$

Beim Multiplizieren mit 10 (100, 1 000 …) verschiebt sich das Komma um eine (zwei, drei …) Stelle(n) nach rechts.

H	Z	E	z	h	t
		0	5	3	4
		5	3	4	
	5	3	4		
5	3	4			

· 10 · 100 · 1000

Dezimalzahlen dividieren

1. Dividiere schriftlich wie bei den natürlichen Zahlen.
2. Setze beim Überschreiten des Kommas auch im Ergebnis ein Komma.

$$\begin{array}{l} 1\,0,1\,7 : 3 = 3,3\,9 \\ \underline{9} \\ 1\,1 \\ \;\underline{9} \\ \;\;2\,7 \\ \;\;\underline{2\,7} \\ \;\;\;\;0 \end{array}$$

Beim Dividieren durch 10 (100, 1 000 …) verschiebt sich das Komma um eine (zwei, drei …) Stelle(n) nach links.

H	Z	E	z	h	t
8	6	7			
	8	5	7		
		8	6	7	
		0	8	6	7

: 10 : 100 : 1000